LES
MILLE ET UN
FANTOMES

PAR

ALEXANDRE DUMAS.

I

PARIS
ALEXANDRE CADOT, ÉDITEUR,
32, RUE DE LA HARPE.
—
1849

LES MILLE ET UN FANTOMES.

Ouvrages de Xavier de Montépin.

Confessions d'un Bohême . . . . 5 vol.
Les Chevaliers du Lansquenet . . . . . 10 vol.
Les Viveurs d'autrefois . . . . 4 vol.
Pivoine . . . . 2 vol.
Les Amours d'un Fou . . . . 4 vol.

Sous presse.

Brutus Leroy.
Les Étudiants de Paris.
Les Oiseaux de nuit.
Le Roman de la vie.
Gabriel.
Cyrano de Bergerac.

Ouvrages d'Alexandre Dumas fils.

La Dame aux camélias . . . . 2 vol.
Aventures de quatre femmes . . . . . 6 vol.
Le docteur Servans . . . . 2 vol.
Le Roman d'une femme . . . . 4 vol.
Césarine . . . . 1 vol.

Sous presse.

Diane de Lys.
Les Amours véritables.

Impr. de E. Dépée, à Sceaux (Seine).

LES

MILLE ET UN

FANTOMES

PAR

ALEXANDRE DUMAS.

I

PARIS
ALEXANDRE CADOT, ÉDITEUR,
32, RUE DE LA HARPE.

1849

A M. ***.

« Mon cher ami,

Vous m'avez dit souvent, — au milieu de ces soirées, devenues trop rares, où chacun bavarde à loisir, ou disant le rêve de son cœur, ou suivant le caprice de son esprit, ou gaspillant le trésor de ses souvenirs, — vous m'avez dit souvent que depuis Scheherazade et après Nodier, j'étais un des plus amusants conteurs que vous eussiez entendus.

Voilà aujourd'hui que vous m'écrivez qu'en attendant un long roman de moi, — vous savez, un de ces romans interminables comme j'en écris, et dans lesquels je fais entrer tout un siècle, — vous voudriez bien quelques contes, — deux, quatre ou six volumes tout au plus, pauvres fleurs de mon jardin, que vous comptez jeter au milieu des préoccupations politiques du moment, — entre le procès de Bourges, par exemple, et les élections du mois de mai.

Hélas! mon ami, l'époque est triste, et mes contes, je vous en préviens, ne seront pas gais. Seulement, vous permettrez que, lassé de ce que je vois se passer tous les jours dans le monde réel, j'aille chercher mes récits dans le monde imaginaire. Hélas! j'ai bien peur que tous les esprits un peu élevés, un peu poétiques, un peu rêveurs, n'en soient à cette heure où en est le mien, c'est-à-dire à la recherche de l'idéal, le seul refuge que Dieu nous laisse contre la réalité.

Tenez, je suis là au milieu de cinquante volumes ouverts à propos d'une histoire de la Régence que je viens d'achever, et que je vous prie, si vous en rendez compte, d'inviter les mères à ne pas laisser lire à leurs filles. Eh bien ! je suis là, vous disais-je, et, tout en vous écrivant, mes yeux s'arrêtent sur une page des mémoires du marquis d'Argenson, où, au-dessous de ces mots : *De la Conversation d'autrefois et de celle d'à présent,* je lis ceux-ci :

« Je suis persuadé que du temps où l'hôtel Rambouillet donnait le ton à la bonne compagnie, on écoutait bien et l'on raisonnait mieux. On cultivait son goût et son esprit. J'ai encore vu des modèles de ce genre de conversation parmi les vieillards de la cour que j'ai fréquentés. Ils avaient le mot propre, de l'énergie et de la finesse, quelques antithèses, mais des épithètes qui augmentaient le sens ; de la profondeur sans pédanterie, de l'enjoûment sans malignité. »

Il y a juste cent ans que le marquis d'Argenson écrivit ces lignes, que je copie dans son livre. — Il avait, à l'époque où il les écrivait, à peu près l'âge que nous avons, — et comme lui, mon cher ami, — nous pouvons dire : — Nous avons connu des vieillards qui étaient, hélas ! ce que nous ne sommes plus, —

c'est-à-dire des hommes de bonne compagnie.

Nous les avons vus, mais nos fils ne les verront pas. Voilà ce qui fait, quoique nous ne valions pas grand'chose, que nous vaudrons mieux que ne vaudront nos fils.

Il est vrai que tous les jours nous faisons un pas vers la liberté, l'égalité, la fraternité, trois grands mots que la révolution de 93, vous savez, l'autre, la douairière, a lancés au milieu de la société moderne, comme elle eût fait d'un tigre, d'un lion et d'un ours habillés avec des toisons d'agneaux ; mots vides, malheureusement, et qu'on lisait à travers la fumée de juin sur nos monuments publics criblés de balles.

Moi! — je vais comme les autres; — moi! je suis le mouvement. Dieu me garde de prêcher l'immobilité. — L'immobilité, c'est la mort. Mais je vais comme un de ces hommes dont parle Dante, — dont les pieds marchent en avant, — c'est vrai, — mais dont la tête est tournée du côté de ses talons.

Et ce que je cherche surtout, — ce que je regrette avant tout, — ce que mon regard rétrospectif cherche dans le passé, c'est la société qui s'en va, — qui s'évapore, — qui disparaît comme un de ces fantômes dont je vais vous raconter l'histoire.

Cette société, qui faisait la vie élégante, la vie courtoise, cette vie qui valait la peine d'être *vécue,* enfin (pardonnez-moi le barbarisme, n'étant point de l'Académie, je puis le risquer) cette société est-elle morte ou l'avons-nous tuée?

Tenez, je me rappelle que, tout enfant, j'ai été conduit par mon père chez madame de Montesson. C'était une grande dame, une femme de l'autre siècle tout-à-fait. Elle avait épousé, il y avait près de soixante ans le duc d'Orléans, aïeul du roi Louis-Philippe ; elle en avait quatre-vingt-dix. Elle demeurait dans un grand et riche hôtel de la Chaussée-d'Antin. Napoléon lui faisait une rente de cent mille écus.

— Savez-vous sur quel titre était basée cette rente inscrite au livre rouge du successeur de Louis XVI? — Non. — Eh bien! madame de Montesson touchait de l'Empereur une rente de cent mille écus *pour avoir conservé dans son salon les traditions de la bonne société du temps de Louis XIV et de Louis XV*.

—C'est juste la moitié de ce que la

Chambre donne aujourd'hui à son neveu, pour qu'il fasse oublier à la France ce dont son oncle voulait qu'elle se souvînt.

Vous ne croiriez pas une chose, mon cher ami, c'est que ces deux mots que je viens d'avoir l'imprudence de prononcer : *la Chambre*, me ramènent tout droit aux mémoires du marquis d'Argenson.

— Comment cela ?

— Vous allez voir.

« On se plaint, dit-il, qu'il n'y a plus de conversation de nos jours en France.

J'en sais bien la raison. C'est que la patience d'écouter diminue chaque jour chez nos contemporains. L'on écoute mal ou plutôt l'on n'écoute plus du tout. J'ai fait cette remarque dans la meilleure compagnie que je fréquente. »

« Or, mon cher ami, quelle est la meilleure compagnie que l'on puisse fréquenter de nos jours. C'est bien certainement celle que huit millions d'électeurs ont jugée digne de représenter les intérêts, les opinions, le génie de la France. C'est la Chambre, enfin.

— Eh bien ! entrez dans la Chambre, au hasard, au jour et à l'heure que vous voudrez. Il y a cent à parier contre un que vous trouverez à la tribune un homme qui parle, et sur les bancs cinq à six cents personnes, non pas qui l'écoutent, mais qui l'interrompent.

C'est si vrai ce que je vous dis là, qu'il y a un article de la Constitution de 1848 qui interdit les interruptions.

Ainsi comptez la quantité de soufflets et de coups de poing donnés à la Chambre depuis un an à peu près qu'elle s'est rassemblée : — c'est innombrable !

Toujours au nom, bien entendu, de la liberté, de l'égalité et de la fraternité.

Donc, mon cher ami, comme je vous le disais, je regrette bon nombre de choses, n'est-ce pas? quoique j'aie dépassé à peu près la moitié de la vie; — eh bien! celle que je regrette le plus entre toutes celles qui s'en sont allées ou qui s'en vont, — c'est celle que regrettait le marquis d'Argenson il y a cent ans : — la *courtoisie*.

Et cependant, du temps du marquis d'Argenson, on n'avait pas encore eu l'idée de s'appeler *citoyen*. — Ainsi jugez.

Si l'on avait dit au marquis d'Argenson, à l'époque où il écrivait ces mots, par exemple :

« Voici où nous en sommes venus en France : la toile tombe ; tout spectacle disparaît ; il n'y a plus que des sifflets qui sifflent. Bientôt, nous n'aurons plus ni élégants conteurs dans la société, ni arts, ni peintures, ni palais bâtis. Mais des envieux de tout et partout. »

Si on lui avait dit, à l'époque où il écrivait ces mots, — que l'on en arriverait, moi, du moins, — à envier cette époque, — on l'eût bien étonné, n'est-ce pas, ce pauvre marquis d'Argenson ? — Aussi, que fais-je ? — Je vis avec les morts beaucoup, — avec les exilés un peu. — J'essaie de faire revivre les sociétés éteintes, les hommes disparus, — ceux-là qui sentaient l'ambre au lieu de sentir le cigarre; — qui se donnaient des coups d'épée, au lieu de se donner des coups de poing.

Et voilà pourquoi, mon ami, vous vous étonnez, quand je cause, d'entendre parler une langue qu'on ne parle plus. — Voilà pourquoi vous me dites que je suis un amusant conteur. — Voilà pourquoi ma voix, écho du passé, est encore écoutée dans le présent, qui écoute si peu et si mal.

C'est qu'au bout du compte, comme ces Vénitiens du XVIIIe siècle auxquels les lois somptuaires défendaient de porter autre chose que du drap et de la bure, — nous aimons toujours à voir se dérouler la soie et le velours, et les beaux brocarts d'or dans lesquels la royauté taillait les habits de nos pères.

Tout à vous.

Alexandre Dumas.

I

La rue de Diane à Fontenay-aux-Roses.

Le 1ᵉʳ septembre de l'année 1831, je fus invité par un de mes anciens amis, chef de bureau au domaine privé du roi, à faire, avec son fils, l'ouverture de la chasse à Fontenay-aux-Roses.

J'aimais beaucoup la chasse à cette

époque, et, en ma qualité de grand chasseur, c'était chose grave que le choix du pays où devait, chaque année, se faire l'ouverture.

D'habitude nous allions chez un fermier ou plutôt chez un ami de mon beau-frère; c'était chez lui que j'avais fait, en tuant un lièvre, mes débuts dans la science des Nemrod et des Elzéar Blaze. Sa ferme était située entre les forêts de Compiègne et de Villers-Cotterets, à une demi-lieue du charmant village de Morienval, à une lieue des magnifiques ruines de Pierrefonds.

Les deux ou trois mille arpents de

terre qui forment son exploitation présentent une vaste plaine presqu'entièrement entourée de bois, coupée vers le milieu par une jolie vallée au fond de laquelle on voit, parmi les prés verts et les arbres aux tons changeants, fourmiller des maisons à moitié perdues dans le feuillage, et qui se dénoncent par les colonnes de fumée bleuâtre qui, d'abord protégées par l'abri des montagnes qui les entourent, montent verticalement vers le ciel, et ensuite, arrivées aux couches d'air supérieures, se courbent, élargies comme la cime des palmiers, dans la direction du vent.

C'est dans cette plaine et sur le double

versant de cette vallée que le gibier des deux forêts vient s'ébattre comme sur un terrain neutre.

Aussi l'on trouve de tout sur la plaine de Brassoire : — du chevreuil et du faisan en longeant les bois, — du lièvre sur les plateaux, — du lapin dans les pentes, — des perdrix autour de la ferme. — M. Mocquet, c'est le nom de notre ami, avait donc la certitude de nous voir arriver; nous chassions toute la journée, et le lendemain, à deux heures, nous revenions à Paris — ayant tué, entre quatre ou cinq chasseurs, cent cinquante pièces de gibier, dont jamais nous n'avons pu faire accepter une seule à notre hôte.

Mais, cette année-là, — infidèle à M. Mocquet, j'avais cédé à l'obsession de mon vieux compagnon de bureau, séduit que j'avais été par un tableau que m'avait envoyé son fils, — élève distingué de l'école de Rome, — et qui représentait une vue de la plaine de Fontenay-aux-Roses, avec des éteules pleines de lièvres et des luzernes pleines de perdrix.

Je n'avais jamais été à Fontenay-aux-Roses, nul ne connaît moins les environs de Paris que moi. — Quand je franchis la barrière, — c'est presque toujours pour faire cinq ou six cents lieues. Tout m'est donc un sujet de curiosité dans le moindre changement de place.

A six heures du soir, je partis pour Fontenay, la tête hors de la portière, comme toujours ; je franchis la barrière d'Enfer, je laissai à ma gauche la rue de la Tombe-Issoire et j'enfilai la route d'Orléans.

On sait qu'Issoire est le nom d'un fameux brigand qui, du temps de Julien, rançonnait les voyageurs qui se rendaient à Lutèce. — Il fut un peu pendu, à ce que je crois, et enterré à l'endroit qui porte aujourd'hui son nom, à quelque distance de l'entrée des catacombes.

La plaine qui se développe à l'entrée du Petit-Montrouge est étrange d'aspect. Au milieu des prairies artificielles, des champs de carottes et des plates-bandes de betteraves s'élèvent des espèces de forts carrés, en pierre blanche, que domine une roue dentée pareille à un squelette de feu d'artifice éteint. Cette roue porte à sa circonférence des traverses de bois sur lesquelles un homme appuie alternativement l'un et l'autre pied. Ce travail d'écureuil qui donne au travailleur un grand mouvement apparent, sans qu'il change de place en réalité, a pour but d'enrouler autour d'un moyeu une corde qui, en s'enroulant, amène à la surface du sol une pierre taillée au fond de la carrière, et qui vient voir lentement le jour.

Cette pierre, un crochet l'amène au bord de l'orifice où des rouleaux l'attendent pour la transporter à la place qui lui est destinée. Puis la corde redescend dans les profondeurs où elle va rechercher un autre fardeau, donnant un moment de repos au moderne Ixion, auquel un cri annonce bientôt qu'une autre pierre attend le labeur qui doit lui faire quitter la carrière natale, et la même œuvre recommence pour recommencer encore, pour recommencer toujours.

Le soir venu, l'homme a fait dix lieues sans changer de place ; s'il montait en réalité, en hauteur, d'un degré à chaque fois que son pied pose sur une traverse, au bout de vingt-trois ans, il serait arrivé dans la lune.

C'est le soir surtout, — c'est-à-dire à l'heure où je traversais la plaine qui sépare le petit du grand Montrouge, — que le paysage, grâce à ce nombre infini de roues mouvantes qui se détachent en vigueur sur le couchant enflammé, prend un aspect fantastique. On dirait une de ces gravures de Goya, où, dans la demi-teinte, des arracheurs de dents font la chasse aux pendus.

Vers sept heures, les roues s'arrêtent; la journée est finie.

Ces moellons qui font de grands carrés longs de cinquante à soixante pieds, haut de six ou huit, c'est le futur Paris qu'on arrache de terre. Les carrières d'où sort cette pierre grandissent tous les jours. C'est la suite des catacombes d'où est sorti le vieux Paris. Ce sont les faubourgs de la ville souterraine qui vont gagnant incessamment du pays et s'étendant à la circonférence. Quand on marche dans cette prairie de Montrouge, on marche sur des abîmes. De temps en temps on trouve un enfoncement de terrain, une vallée en miniature, une ride du sol. C'est une carrière mal soutenue en-dessous dont le plafond de gypse a craqué. Il s'est établi une fissure par laquelle l'eau pénètre dans la caverne ; l'eau a entraîné la terre ; de là le mouvement du terrain, cela s'appelle un fondis.

Si l'on ne sait point cela ; si on ignore que cette belle couche de terre verte qui vous appelle ne repose sur rien, on peut, en posant le pied au-dessus d'une de ces gerçures, disparaître, comme on disparaît au Montanvert entre deux murs de glace.

La population qui habite ces galeries souterraines a, comme son existence, son caractère et sa physionomie à part. — Vivant dans l'obscurité, elle a un peu les instincts des animaux de la nuit, c'est-à-dire qu'elle est silencieuse et féroce. Souvent on entend parler d'un accident, — un étai a manqué, une corde s'est rompue, un homme a été écrasé. — A la surface de la terre on croit que c'est un malheur; — trente pieds au-dessous on sait que c'est un crime.

L'aspect des carriers est en général sinistre. — Le jour, leur œil clignotte, — à l'air, leur voix est sourde. — Ils portent des cheveux plats, rabattus jusqu'aux sourcils ; une barbe qui ne fait que tous les dimanches matin connaissance avec le rasoir ; — un gilet qui laisse voir des manches de grosse toile grise, — un tablier de cuir blanchi par le contact de la pierre, — un pantalon de toile bleue. — Sur une de leurs épaules est une veste pliée en deux, et sur cette veste pose le manche de la pioche ou de la bisaiguë qui, six jours de la semaine, creuse la pierre.

Quand il y a quelqu'émeute, il est rare que les hommes que nous venons d'essayer de peindre ne s'en mêlent pas. — Quand on dit à la barrière d'Enfer : — Voilà les carriers de Montrouge qui descendent, les habitants des rues avoisinantes secouent la tête et ferment leurs portes.

Voilà ce que je regardai, — ce que je vis pendant cette heure de crépuscule qui, au mois de septembre, sépare le jour de la nuit ; — puis, la nuit venue, je me rejetai dans la voiture, d'où certainement aucun de mes compagnons n'avait vu ce que je venais de voir. Il en est ainsi en toutes choses ; — beaucoup regardent bien peu voient.

Nous arrivâmes vers les huit heures et demie à Fontenay; un excellent souper nous attendait, puis après le souper une promenade au jardin.

Sorrente est une forêt d'orangers; Fontenay est un bouquet de roses. Chaque maison a son rosier qui monte le long de la muraille, protégé au pied par un étui de planches ; — arrivé à une certaine hauteur, le rosier s'épanouit en gigantesque éventail; l'air qui passe est embaumé, et lorsqu'au lieu d'air il fait du vent, il pleut des feuilles de roses comme il en pleuvait à la Fête-Dieu, quand Dieu avait une fête.

De l'extrémité du jardin, nous eussions eu une vue immense, s'il eût fait jour. — Les lumières seules semées dans l'espace indiquaient les villages de Sceaux, de Bagneux, de Châtillon et de Montrouge; — au fond s'étendait une grande ligne roussâtre d'où sortait un bruit sourd semblable au souffle du Léviathan, — c'était la respiration de Paris.

On fut obligé de nous envoyer coucher de force, comme on fait aux enfants. Sous ce beau ciel tout brodé d'étoiles, au contact de cette brise parfumée, nous eussions volontiers attendu le jour.

A cinq heures du matin, nous nous mîmes en chasse guidés par le fils de notre hôte, qui nous avait promis monts et merveilles, et qui, il faut le dire, continua à nous vanter la fécondité giboyeuse de son territoire avec une persistance digne d'un meilleur sort.

A midi, nous avions vu un lapin et quatre perdrix. — Le lapin avait été manqué par mon compagnon de droite, une perdrix avait été manquée par mon compagnon de gauche, et sur les trois autres perdrix, deux avaient été tuées par moi.

A midi, à Brassoire, j'eusse déjà envoyé à la ferme trois ou quatre lièvres et quinze ou vingt perdrix.

J'aime la chasse, mais je déteste la promenade, surtout la promenade à travers champs. Aussi, sous prétexte d'aller explorer un champ de luzerne situé à mon extrême gauche, et dans lequel j'étais bien sûr de ne rien trouver, je rompis la ligne et fis un écart.

Mais ce qu'il y avait dans ce champ, ce que j'y avais avisé dans le désir de retraite qui s'était déjà emparé de moi depuis plus de deux heures, c'était un chemin creux qui, me dérobant aux regards des autres chasseurs, devait me ramener par la route de Sceaux droit à Fontenay-aux-Roses.

Je ne me trompais pas. — A une heure sonnant au clocher de la paroisse, j'atteignais les premières maisons du village.

Je suivais un mur qui me paraissait clore une assez belle propriété, lorsqu'en arrivant à l'endroit où la rue de Diane s'embranche avec la Grande-Rue, — je vis venir à moi, du côté de l'église, un homme d'un aspect si étrange, que je m'arrêtai, et qu'instinctivement j'armai les deux coups de mon fusil, mû que j'étais par le simple sentiment de la conservation personnelle.

Mais, pâle, les cheveux hérissés, les yeux hors de leur orbite, les vêtements en désordre et les mains ensanglantées, cet homme passa près de moi sans me voir. — Son regard était fixe et atone à la fois. — Sa course avait l'emportement invincible d'un corps qui descendrait une montagne trop rapide, et cependant sa respiration râlante indiquait encore plus d'effroi que de fatigue.

A l'embranchement des deux voies, il quitta la Grande-Rue pour se jeter dans la rue de Diane, sur laquelle s'ouvrait la propriété dont, pendant sept ou huit minutes, j'avais suivi la muraille. Cette porte, sur laquelle mes yeux s'arrêtèrent à l'instant même, était peinte en vert et était surmontée du numéro 2. La main de l'homme s'étendit vers la sonnette bien avant de pouvoir la toucher; puis il l'atteignit, l'agita violemment, et, presque aussitôt, tournant sur lui-même, il se trouva assis sur l'une des deux bornes qui servent d'ouvrage avancé à cette porte. Une fois là, il demeura immobile, les bras pendants et la tête inclinée sur la poitrine.

Je revins sur mes pas, tant je comprenais que cet homme devait être l'acteur principal de quelque drame inconnu et terrible.

Derrière lui, et au deux côtés de la rue, quelques personnes, sur lesquelles il avait sans doute produit le même effet qu'à moi, étaient sorties de leurs maisons, et le regardaient avec un étonnement pareil à celui que j'éprouvais moi-même.

A l'appel de la sonnette qui avait résonné violemment, une petite porte percée près de la grande, s'ouvrit, et une femme de quarante à quarante-cinq ans apparut.

— Ah! c'est vous Jacquemin, dit-elle, que faites-vous donc là?

— M. le maire est-il chez lui? demanda d'une voix sourde l'homme auquel elle adressait la parole.

— Oui.

— Eh bien! mère Antoine, allez lui dire que j'ai tué ma femme, et que je viens me constituer prisonnier.

La mère Antoine poussa un cri auquel répondirent deux ou trois exclamations arrachées par la terreur à des personnes qui se trouvaient assez près pour entendre ce terrible aveu.

Je fis moi-même un pas en arrière, et rencontrai le tronc d'un tilleul, auquel je m'appuyai.

Au reste, tous ceux qui se trouvaient à la portée de la voix, étaient restés immobiles.

Quant au meurtrier, il avait glissé de la borne à terre, comme si après avoir prononcé les fatales paroles, la force l'eût abandonné.

Cependant la mère Antoine avait disparu, laissant la petite porte ouverte. Il était évident qu'elle était allée accomplir près de son maître la commission dont Jacquemin l'avait chargée.

Au bout de cinq minutes, celui qu'on était allé chercher parut sur le seuil de la porte.

Deux autres hommes le suivaient.

Je vois encore l'aspect de la rue.

Jacquemin avait glissé à terre comme je l'ai dit. Le maire de Fontenay-aux-Roses, que venait d'aller chercher la mère Antoine, se trouvait debout près de lui, le dominant de toute la hauteur de sa taille, qui était grande. Dans l'ouverture de la porte se pressaient les deux autres personnes dont nous parlerons plus longuement tout à l'heure. J'étais appuyé contre le tronc d'un tilleul planté dans la Grande-Rue, mais d'où mon regard plongeait dans la rue de Diane. A ma gauche était un groupe composé d'un homme, d'une femme et d'un enfant, l'enfant pleurant pour que sa mère le prît dans ses bras. Derrière ce groupe un boulanger passait sa tête par une fenêtre du premier, causant avec son garçon qui était en bas, et lui demandant si ce n'était pas Jacquemin, le carrier, qui venait de passer en courant ; puis enfin apparaissait, sur le seuil de sa porte, un maréchal-ferrant, noir par devant, mais le dos éclairé par la lumière de sa forge dont un apprenti continuait de tirer le soufflet. Voilà pour la Grande-Rue.

Quant à la rue de Diane, — à part le groupe principal que nous avons décrit, — elle était déserte. Seulement à son extrémité l'on voyait poindre deux gendarmes qui venaient de faire leur tournée dans la plaine pour demander les ports d'armes, et qui, sans se douter de la besogne qui les attendait, se rapprochaient de nous en marchant tranquillement au pas.

Une heure un quart sonnait.

II

L'Impasse des Sergents.

A la dernière vibration du timbre se mêla le bruit de la première parole du maire.

— Jacquemin, dit-il, j'espère que la mère Antoine est folle ; elle vient de ta part me dire que ta femme est morte ; et que c'est toi qui l'as tuée.

— C'est là vérité pure, monsieur le maire, répondit Jacquemin. Il faudrait me faire conduire en prison et juger bien vite.

Et, en disant ces mots, il essaya de se relever, s'accrochant au haut de la borne avec son coude ; mais, après un effort, il retomba, comme si les os de ses jambes eussent été brisés.

— Allons-donc ! tu es fou, dit le maire.

— Regardez mes mains, répondit-il.

Et il leva deux mains sanglantes, auxquelles leurs doigts crispés donnaient la forme de deux serres.

En effet, la gauche était rouge jusqu'au dessus du poignet, la droite jusqu'au coude.

En outre, à la main droite, un filet de sang frais coulait tout le long du pouce, provenant d'une morsure que la victime, en se débattant, avait, selon toute probabilité, faite à son assassin.

Pendant ce temps, les deux gendarmes s'étaient rapprochés, avaient fait halte à dix pas du principal acteur de cette scène et regardaient du haut de leurs chevaux.

Le maire leur fit un signe; ils descendirent, jetant la bride de leur monture à un gamin coiffé d'un bonnet de police et qui paraissait être un enfant de troupe.

Après quoi ils s'approchèrent de Jacquemin et le soulevèrent par dessous les bras.

Il se laissa faire, sans résistance aucune et avec l'atonie d'un homme dont l'esprit est absorbé par une unique pensée.

Au même instant, le commissaire de police et le médecin arrivèrent; ils venaient d'être prévenus de ce qui se passait.

— Ah! venez, monsieur Robert! — Ah! venez, monsieur Cousin! dit le maire.

M. Robert était le médecin, M. Cousin était le commissaire de police.

— Venez; j'allais vous envoyer chercher.

— Eh bien! voyons, qu'y a-t-il? demanda le médecin de l'air le plus jovial du monde. — Un petit assassinat, à ce qu'on dit.

Jacquemin ne répondit rien.

— Dites donc, père Jacquemin, continua le docteur, est-ce que c'est vrai que c'est vous qui avez tué votre femme ?

Jacquemin ne souffla pas le mot.

— Il vient au moins de s'en accuser lui-même, dit le maire. — Cependant, j'espère encore que c'est un moment d'hallucination et non pas un crime réel qui le fait parler.

— Jacquemin, dit le commissaire de police, répondez. Est-il vrai que vous ayez tué votre femme ?

Même silence.

— En tout cas, nous allons bien voir,

dit le docteur Robert, ne demeure-t-il pas impasse des Sergens?

— Oui, répondirent les deux gendarmes.

— Eh bien! monsieur Ledru, dit le docteur en s'adressant au maire, allons impasse des Sergens.

— Je n'y vais pas; — je n'y vais pas, s'écria Jacquemin en s'arrachant des mains des gendarmes avec un mouvement si violent, que s'il eût voulu fuir, il eût été, certes, à cent pas avant que personne songeât à le poursuivre.

— Mais pourquoi n'y veux-tu pas venir? demanda le maire.

— Qu'ai-je besoin d'y aller, puisque j'avoue tout, — puisque je vous dis que je l'ai tuée, tuée avec cette grande épée à deux mains que j'ai prise au Musée d'artillerie l'année dernière? conduisez-moi en prison; je n'ai rien à faire là-bas, conduisez-moi en prison.

Le docteur et M. Ledru se regardèrent.

— Mon ami, dit le commissaire de police qui, comme M. Ledru, espérait encore que Jacquemin était sous le poids de quelque dérangement d'esprit momentané; — mon ami, la confrontation est d'urgence; — d'ailleurs il faut que vous soyez là pour guider la justice.

— En quoi la justice a-t-elle besoin d'être guidée? dit Jacquemin ; vous trouverez le corps dans la cave, — et, près du corps, dans un sac de plâtre, la tête ; — quant à moi, conduisez-moi en prison.

— Il faut que vous veniez, dit le commissaire de police.

— Oh! mon Dieu! mon Dieu! s'écria Jacquemin, en proie à la plus effroyable terreur. — Oh! mon Dieu! mon Dieu! si j'avais su...

— Eh bien ! qu'aurais-tu fait ? demanda le commissaire de police.

— Eh bien ! je me serais tué.

M. Ledru secoua la tête, et s'adressant du regard au commissaire de police, il sembla lui dire : il y a quelque chose là-dessous.

— Mon ami, reprit-il en s'adressant au meurtrier, voyons, explique-moi cela, à moi.

— Oui, à vous, tout ce que vous voudrez, monsieur Ledru, demandez, interrogez.

— Comment se fait-il, puisque tu as eu le courage de commettre le meurtre, que tu n'aies pas celui de te retrouver en face de ta victime ? Il s'est donc passé quelque chose que tu ne nous dis pas ?

— Oh oui ! quelque chose de terrible.

— Eh bien ! voyons, raconte.

— Oh ! non ; vous diriez que ce n'est pas vrai, vous diriez que je suis fou.

— N'importe ! que s'est-il passé ? dis-le moi.

— Je vais vous le dire, mais à vous.

Il s'approcha de M. Ledru. Les deux

gendarmes voulurent le retenir; mais le maire leur fit un signe, ils laissèrent le prisonnier libre.

D'ailleurs, eût-il voulu se sauver, la chose était devenue impossible; la moitié de la population de Fontenay-aux-Roses encombrait la rue de Diane et la Grande-Rue.

Jacquemin, comme je l'ai dit, s'approcha de l'oreille de M. Ledru.

— Croyez-vous, monsieur Ledru, demanda Jacquemin à demi-voix, croyez-vous qu'une tête puisse parler, une fois séparée du corps?

M. Ledru poussa une exclamation qui ressemblait à un cri, et pâlit visiblement.

— Le croyez-vous? dites, répéta Jacquemin. M. Ledru fit un effort.

— Oui, dit-il, je le crois.

— Eh bien!.. eh bien!.. elle a parlé.

— Qui?

— La tête... la tête de Jeanne.

— Tu dis?

— Je dis qu'elle avait les yeux ouverts, — je dis qu'elle a remué les lèvres. Je dis qu'elle m'a regardé. Je dis qu'en me regardant elle m'a appelé : Misérable !

En disant ces mots, qu'il avait l'intention de dire à M. Ledru tout seul, et qui cependant pouvaient être entendus de tout le monde, Jacquemin était effrayant

— Oh! la bonne charge, s'écria le docteur en riant; elle a parlé... une tête coupée a parlé. Bon, bon, bon !

Jacquemin se retourna.

— Quand je vous le dis, fit-il.

— Eh bien ! dit le commissaire de police, raison de plus pour que nous nous rendions à l'endroit où le crime a été commis. Gendarmes, emmenez le prisonnier.

Jacquemin jeta un cri en se tordant.

— Non, non, dit-il, vous me couperez en morceaux si vous voulez, mais je n'irai pas.

— Venez, mon ami, dit M. Ledru. S'il est vrai que vous ayez commis le crime terrible dont vous vous accusez, ce sera déjà une expiation. D'ailleurs, ajouta-t-il en lui parlant bas, la résistance est inutile ; si vous n'y voulez pas venir de bonne volonté, — ils vous y mèneront de force.

— Eh bien! alors, dit Jacquemin,— je veux bien; mais promettez-moi une chose, monsieur Ledru.

— Laquelle?

— Pendant tout le temps que nous serons dans la cave, — vous ne me quitterez pas.

— Non.

— Vous me laisserez vous tenir la main?

— Oui.

— Eh bien! dit-il, allons.

Et tirant de sa poche un mouchoir à

carreaux, il essuya son front trempé de sueur.

On s'achemina vers l'impasse des Sergens.

Le commissaire de police et le docteur marchaient les premiers, puis Jacquemin et les deux gendarmes.

Derrière eux venaient M. Ledru et les deux hommes qui avaient apparu à sa porte en même temps que lui.

Puis roulait, comme un torrent plein de houle et de rumeurs, toute la population à laquelle j'étais mêlé.

Au bout d'une minute de marche à

peu près, nous arrivâmes à l'impasse des Sergens. — C'était une petite ruelle située à gauche de la Grande-Rue, et qui allait en descendant jusqu'à une grande porte de bois délabrée, s'ouvrant à la fois par deux grands battants, et une petite porte, découpée dans un des deux grands battants.

Cette petite porte ne tenait plus qu'à un gond.

Tout, au premier aspect, paraissait calme dans cette maison; un rosier fleurissait à la porte, et, près du rosier, sur un banc de pierre, un gros chat roux se chauffait avec béatitude au soleil.

En apercevant tout ce monde, en entendant tout ce bruit, il prit peur, se sauva et disparut par le soupirail d'une cave.

Arrivé à la porte que nous avons décrite, Jacquemin s'arrêta.

Les gendarmes voulurent le faire entrer de force.

— Monsieur Ledru, dit-il, en se retournant, monsieur Ledru, vous avez promis de ne pas me quitter.

— Eh bien! me voilà, répondit le maire.

— Votre bras, votre bras.

Et il chancelait comme s'il eût été prêt à tomber.

M. Ledru s'approcha, fit signe aux deux gendarmes de lâcher le prisonnier, et lui donna le bras.

— Je réponds de lui, dit-il.

Il était évident que, dans ce moment, M. Ledru n'était plus le maire de la commune, poursuivant la punition d'un crime, mais un philosophe explorant le domaine de l'inconnu.

Seulement, son guide dans cette étrange exploration était un assassin.

Le docteur et le commissaire de police

entrèrent les premiers; puis M. Ledru et Jacquemin; puis les deux gendarmes, puis quelques privilégiés au nombre desquels je me trouvais, grâce au contact que j'avais eu avec MM. les gendarmes, pour lesquels je n'étais déjà plus un étranger, ayant eu l'honneur de les rencontrer dans la plaine et de leur montrer mon port d'armes.

La porte fut refermée sur le reste de la population, qui resta grondant au dehors.

On s'avança vers la porte de la petite maison.

Rien n'indiquait l'évènement terrible qui s'y était passé ; tout était à sa place : le lit de serge verte dans son alcôve ; à la tête du lit le crucifix de bois noir, surmonté d'une branche de buis séché depuis la dernière Pâques. — Sur la cheminée, un enfant Jésus en cire, couché parmi les fleurs entre deux chandeliers de forme Louis XVI, argentés autrefois ; à la muraille, quatre gravures coloriées, encadrées dans des cadres de bois noir et représentant les quatre parties du monde.

Sur une table un couvert mis, à l'âtre un pot-au-feu bouillant, et près d'un coucou sonnant la demie une huche ouverte.

— Eh bien ! dit le docteur de son ton jovial, je ne vois rien jusqu'à présent.

— Prenez par la porte à droite, murmura Jacquemin d'une voix sourde.

On suivit l'indication du prisonnier et l'on se trouva dans une espèce de cellier à l'angle duquel s'ouvrait une trappe à l'orifice de laquelle tremblait une lueur qui venait d'en bas.

— Là, là, murmura Jacquemin en se cramponnant au bras de M. Ledru d'une main et en montrant de l'autre l'ouverture de la cave.

— Ah! ah! dit tout bas le docteur au commissaire de police, avec ce sourire terrible des gens que rien n'impressionne, parce qu'ils ne croient à rien, il paraît que madame Jacquemin a suivi le précepte de maître Adam; et il fredonna :

> Si je meurs, que l'on m'enterre
> Dans la cave où est............

— Silence, interrompit Jacquemin, le visage livide, les cheveux hérissés, la sueur sur le front, ne chantez pas ici.

Frappé par l'expression de cette voix, le docteur se tut.

Mais presque aussitôt descendant les premières marches de l'escalier.

— Qu'est-ce que cela ? demanda-t-il.

Et, s'étant baissé, il ramassa une épée à large larme.

C'était l'épée à deux mains que Jacquemin, comme il l'avait dit, avait prise, le 29 juillet 1830, au Musée d'artillerie ; la lame était teinte de sang.

Le commissaire de police la prit des mains du docteur.

— Reconnaissez-vous cette épée ? dit-il au prisonnier.

— Oui, répondit Jacquemin. Allez ! allez ! finissons-en.

C'était le premier jalon du meurtre, que l'on venait de rencontrer.

On pénétra dans la cave, chacun tenant le rang que nous avons déjà dit.

Le docteur et le commissaire de police les premiers, puis M. Ledru et Jacquemin, puis les deux personnes qui se trouvaient chez lui, puis les gendarmes, puis les privilégiés, au nombre desquels je me trouvais.

Après avoir descendu la septième marche, mon œil plongeait dans la cave et embrassait le terrible ensemble que je vais essayer de peindre.

Le premier objet sur lequel s'arrêtaient les yeux, était un cadavre sans tête, couché près d'un tonneau, dont le robinet, ouvert à moitié, continuait de laisser échapper un filet de vin, lequel, en coulant, formait une rigole qui allait se perdre sous le chantier.

Le cadavre était à moitié tordu, comme si le torse, retourné sur le dos, eût commencé un mouvement d'agonie que les jambes n'avaient pas pu suivre.

— La robe était, d'un côté, retroussée jusqu'à la jarretière.

On voyait que la victime avait été frappée au moment où, à genoux devant le tonneau, elle commençait à remplir une bouteille, qui lui avait échappé des mains et qui était gisante à ses côtés.

Tout le haut du corps nageait dans une mare de sang.

Debout sur un sac de plâtre adossé à la muraille, comme un buste sur sa colonne, on apercevait ou plutôt on devinait une tête, noyée dans ses cheveux; une raie de sang rougissait le sac, du haut jusqu'à la moitié.

Le docteur et le commissaire de police avaient déjà fait le tour du cadavre et se trouvaient placés en face de l'escalier.

Vers le milieu de la cave étaient les deux amis de M. Ledru et quelques curieux qui s'étaient empressés de pénétrer jusque-là.

Au bas de l'escalier était Jacquemin qu'on n'avait pas pu faire aller plus loin que la dernière marche.

Derrière Jacquemin, les deux gendarmes.

Derrière les deux gendarmes, cinq ou

six personnes, au nombre desquelles je me trouvais et qui se groupaient avec moi sur l'escalier.

Tout cet intérieur lugubre était éclairé par la lueur tremblotante d'une chandelle, posée sur le tonneau même d'où coulait le vin, et en face duquel gisait le cadavre de la femme Jacquemin.

— Une table, une chaise, dit le commissaire de police, et verbalisons.

III

Le Procès-verbal.

On passa au commissaire de police les deux meubles demandés; il assura sa table, s'assit devant, demanda la chandelle, que le docteur lui apporta, en enjambant par-dessus le cadavre, tira de sa poche un encrier, des plumes, du papier, et commença son procès-verbal.

Pendant qu'il écrivait le préambule, le docteur fit un mouvement de curiosité vers cette tête posée sur le sac de plâtre ; mais le commissaire l'arrêta.

— Ne touchez à rien, dit-il, la régularité avant tout.

— C'est trop juste, dit le docteur.

Et il reprit sa place.

Il y eut quelques minutes de silence, pendant lesquelles on entendit seulement la plume du commissaire de police crier sur le papier raboteux du gouvernement, et pendant lesquelles on voyait les lignes se succéder avec la rapidité d'une formule habituelle à l'écrivain.

Au bout de quelques lignes il leva la tête et regarda autour de lui.

— Qui veut nous servir de témoins? demanda le commissaire de police en s'adressant au maire.

— Mais, dit M. Ledru, indiquant ses deux amis debout, qui formaient groupe avec le commissaire de police assis, ces deux Messieurs, d'abord.

— Bien.

Il se retourna de mon côté.

— Puis, Monsieur, s'il ne lui est pas

désagréable de voir figurer son nom dans un procès-verbal.

— Aucunement, Monsieur, lui répondis-je.

— Alors, que Monsieur descende, dit le commissaire de police.

J'éprouvais quelque répugnance à me rapprocher du cadavre. D'où j'étais, certains détails, sans m'échapper tout-à-fait, m'apparaissaient moins hideux, perdus dans une demi-obscurité qui jetait sur leur horreur le voile de la poésie.

—Est-ce bien nécessaire? demandai-je.

— Quoi?

— Que je descende.

— Non. Restez là si vous vous y trouvez bien.

Je fis un signe de tête qui exprimait :
— Je désire rester où je suis.

Le commissaire de police se tourna vers celui des deux amis de M. Ledru, qui se trouvait le plus près de lui.

— Vos noms, prénoms, âge, qualité, profession et domicile, demanda-t-il avec la volubilité d'un homme habitué à faire ces sortes de questions.

— Jean-Louis Alliette, répondit celui

auquel il s'adressait, dit Etteilla par anagramme, homme de lettres, demeurant rue de l'Ancienne-Comédie, n° 20.

— Vous avez oublié de dire votre âge, dit le commissaire de police.

— Dois-je dire l'âge que j'ai ou l'âge que l'on me donne?

— Dites-moi votre âge, parbleu! on n'a pas deux âges.

— C'est-à-dire, Monsieur le commissaire, qu'il y a certaines personnes, Cagliostro, le comte de Saint-Germain, le Juif-Errant, par exemple...

— Voulez-vous dire que vous soyez

Cagliostro, le comte de Saint-Germain, ou le Juif-Errant? dit le commissaire en fronçant le sourcil à l'idée qu'on se moquait de lui.

— Non; mais...

— Soixante-quinze ans, dit M. Ledru; — mettez soixante-quinze ans, Monsieur Cousin.

— Soit, dit le commissaire de police.

Et il mit soixante-quinze ans.

— Et vous, Monsieur? continua-t-il en s'adressant au second ami de M. Ledru.

Et il répéta exactement les mêmes

questions qu'il avait faites au premier.

— Pierre Joseph Moulle, âgé de soixante-un ans, ecclésiastique, attaché à l'église de Saint-Sulpice, demeurant rue Servandoni, n° 11, répondit d'une voix douce celui qu'il interrogeait.

— Et vous, Monsieur ? demanda-t-il en s'adressant à moi.

— Alexandre Dumas, auteur dramatique, âgé de vingt-sept ans, demeurant à Paris, rue de l'Université, 21, répondis-je.

M. Ledru se retourna de mon côté et me fit un gracieux salut, auquel je répondis sur le même ton, du mieux que je pus.

— Bien! fit le commissaire de police. Voyez, si c'est bien cela, Messieurs, et si vous avez quelques observations à faire.

Et de ce ton nasillard et monotone qui n'appartient qu'aux fonctionnaires publics, il lut :

« Cejourd'hui, premier septembre 1831, à deux heures de relevée, ayant été averti par la rumeur publique, qu'un crime de meurtre venait d'être commis dans la commune de Fontenay-aux-Roses, sur la personne de Marie-Jeanne

Ducoudray, par le nommé Pierre Jacquemin, son mari, et que le meurtrier s'était rendu au domicile de M. Jean-Pierre Ledru, maire de ladite commune de Fontenay-aux-Roses, pour se déclarer, de son propre mouvement, l'auteur de ce crime, nous nous sommes empressé de nous rendre, de notre personne, au domicile dudit Jean-Pierre Ledru, rue de Diane, n. 2 ; auquel domicile nous sommes arrivés, en compagnie du sieur Sébastien Robert, docteur médecin, demeurant dans ladite commune de Fontenay-aux-Roses, et là avons trouvé déjà entre les mains de la gendarmerie, le nommé Pierre Jacquemin, lequel a répété devant nous qu'il était auteur du meurtre de sa femme ; sur quoi, nous l'avons sommé de nous suivre dans la maison où le meurtre avait été commis. Ce à quoi il s'est refusé d'abord ; mais bientôt ayant cédé sur les instances de M. le maire, nous nous sommes acheminé vers l'impasse des Sergents, où est située la maison habitée par le sieur Pierre Jacquemin. Arrivés à cette maison et la porte refermée sur nous pour empêcher la population de l'envahir, avons d'abord pénétré dans une première chambre où rien n'indiquait qu'un crime eût été commis ; puis, sur l'invitation dudit Jacquemin lui-même, de la première chambre avons passé dans la seconde, à l'angle de laquelle une trappe donnant accès à un escalier était ouverte. Cet escalier nous ayant été indiqué comme conduisant à une cave où nous devions trouver le corps de la victime, nous nous mîmes à descendre ledit escalier, sur les premières marches duquel le docteur a trouvé une épée à poignée faite en croix, à lame large et tranchante, que ledit Jacquemin nous a avoué avoir été prise par lui lors de la révolution de juillet au Musée d'artillerie, et lui avoir servi à la perpétration du crime. Et sur le sol de la cave avons trouvé le corps de la femme Jacquemin, renversé sur le dos et nageant dans une mare de sang, ayant la tête séparée du tronc, laquelle tête avait été placée droite sur un sac de plâtre adossé à la muraille, et ledit Jacquemin ayant reconnu que le cadavre et cette tête étaient bien ceux de sa femme, en présence de M. Jean-Pierre Ledru, maire de la commune de Fontenay-aux-Roses ; — de M. Sébastien Robert, docteur-médecin, demeurant audit Fontenay-aux-Roses ; — de M. Jean-Louis Alliette dit Etteilla, homme de lettres, âgé de soixante-quinze ans, demeurant à Paris, rue de l'Ancienne-Comédie, n. 20 ; — de M. Pierre-Joseph Moulle, âgé de soixante-un ans, ecclésiastique, attaché à

Saint-Sulpice, demeurant à Paris, rue Servandoni, n. 11; — et de M. Alexandre Dumas, auteur dramatique, âgé de vingt-sept ans, demeurant à Paris, rue de l'Université, n. 21, — avons procédé ainsi qu'il suit à l'interrogatoire de l'accusé. »

— Est-ce cela, Messieurs? demanda le commissaire de police, en se retournant vers nous avec un air de satisfaction évidente.

— Parfaitement! Monsieur, répondîmes-nous tous d'une voix.

— Eh bien! interrogeons l'accusé.

Alors, se retournant vers le prisonnier, qui, pendant toute la lecture qui venait d'être faite, avait respiré bruyamment et comme un homme oppressé :

— Accusé, dit-il, vos noms, prénoms, âge, domicile et profession ?

— Sera-ce encore bien long, tout cela ? demanda le prisonnier, comme un homme à bout de forces.

— Répondez : vos noms et prénoms ?

— Pierre Jacquemin.

— Votre âge ?

— Quarante-et-un ans.

— Votre domicile ?

— Vous le connaissez bien, puisque vous y êtes.

— N'importe, la loi veut que vous répondiez à cette question.

— Impasse des Sergens.

— Votre profession ?

— Carrier.

— Vous vous avouez l'auteur du crime ?

— Oui.

— Dites-nous la cause qui vous l'a fait commettre, et les circonstances dans lesquelles il a été commis.

— La cause qui l'a fait commettre...

— c'est inutile, dit Jacquemin ; c'est un secret qui restera entre moi et celle qui est là.

— Cependant il n'y a pas d'effet sans cause.

— La cause. Je vous dis que vous ne la saurez pas. Quant aux circonstances — comme vous dites — vous voulez les connaître ?

— Oui.

— Eh bien ! je vais vous les dire. Quand on travaille sous terre comme nous travaillons, comme cela dans l'obscurité, et puis qu'on croit avoir un motif de chagrin, on se mange l'âme, voyez-vous, et alors il vous vient de mauvaises idées.

— Oh! oh! interrompit le commissaire de police, vous avouez donc la préméditation.

— Eh! puisque je vous dis que j'avoue tout, est-ce que ce n'est pas encore assez?

— Si fait, dites.

— Eh bien! cette mauvaise idée qui m'était venue, c'était de tuer Jeanne. — Ça me troubla l'esprit plus d'un mois, — le cœur empêchait la tête, — enfin un mot qu'un camarade me dit — me décida.

— Quel mot ?

— Oh ! ça, c'est dans les choses qui ne vous regardent pas. Ce matin, je dis à Jeanne : Je n'irai pas travailler aujourd'hui : je veux m'amuser comme si c'était fête ; j'irai jouer aux boules avec des camarades. Aie soin que le dîner soit prêt à une heure. — Mais... — C'est bon, pas d'observations ; le dîner pour une heure, tu entends ? — C'est bien ! dit Jeanne.

Et elle sortit pour aller chercher le pot-au-feu.

Pendant ce temps-là, au lieu d'aller jouer aux boules, je pris l'épée que vous avez là. — Je l'avais repassée moi-même sur un grès. — Je descendis à la cave, et je me cachai derrière les tonneaux — en me disant : — il faudra bien qu'elle descende à la cave pour tirer du vin ; alors nous verrons.

Le temps que je restai accroupi là, derrière la futaille qui est toute droite... je n'en sais rien ; j'avais la fièvre ; mon cœur battait, et je voyais tout rouge dans la nuit.

Et puis, il y avait une voix qui répétait

en moi et autour de moi, ce mot que le camarade m'avait dit hier.

— Mais enfin, quel est ce mot? insista le commissaire.

— Inutile. Je vous ai déjà dit que vous ne le sauriez jamais. Enfin, j'entendis un frôlement de robe, un pas qui s'approchait. Je vis trembler une lumière. Le bas de son corps qui descendait, puis le haut, puis sa tête... On la voyait bien, sa tête... Elle tenait sa chandelle à la main. — Ah! je dis : c'est bon!... et je répétai tout bas le mot que m'avait dit le camarade.

Pendant ce temps-là, elle s'approchait. Parole d'honneur! on aurait dit qu'elle se doutait que ça tournait mal pour elle. Elle avait peur ; elle regardait de tous les côtés ; mais j'étais bien caché ; je ne bougeai pas.

Alors, elle se mit à genoux devant le tonneau, approcha la bouteille et tourna le robinet.

Moi, je me levai. — Vous comprenez, elle était à genoux. — Le bruit du vin qui tombait dans la bouteille l'empêchait d'entendre le bruit que je pouvais faire. D'ailleurs, je n'en faisais pas, elle était à genoux comme une coupable, comme une condamnée. Je levai l'épée et... han!... Je ne sais pas même si elle poussa un cri, — la tête roula.

Dans ce moment-là je ne voulais pas pas mourir. — Je voulais me sauver. — Je comptais faire un trou dans la cave et l'enterrer. — Je sautai sur la tête qui roulait pendant que le corps sautait de son côté. — J'avais un sac de plâtre tout prêt pour cacher le sang. — Je pris donc la tête ou plutôt la tête me prit. — Voyez.

Et il montra sa main droite, dont une large morsure avait mutilé le pouce.

— Comment! la tête vous prit? dit le docteur. Que diable dites-vous donc là?

— Je dis qu'elle m'a mordu à belles dents comme vous voyez. Je dis qu'elle ne voulait pas me lâcher. Je la posai sur le sac de plâtre, je l'appuyai contre le mur avec ma main gauche, et j'essayai de lui arracher la droite; mais, au bout d'un instant, les dents se desserrèrent toutes seules. Je retirai ma main ; alors, voyez-vous, c'était peut-être de la folie, mais il me sembla que la tête était vivante ; les yeux étaient tout grands ouverts. Je les voyais bien, puisque la chandelle était sur le tonneau, et puis les lèvres, les lèvres remuaient, et en remuant, les lèvres ont dit : — *Misérable ! j'étais innocente.*

Je ne sais pas l'effet que cette déposition faisait sur les autres; mais, quant à moi, je sais que l'eau me coulait sur le front.

— Ah! c'est trop fort, s'écria le docteur, les yeux t'ont regardé, les lèvres ont parlé.

— Écoutez, Monsieur le docteur, comme vous êtes un médecin, vous ne croyez à rien, c'est naturel; mais moi je vous dis que la tête que vous voyez-là, là, entendez-vous? je vous dis que la tête qui m'a mordu, je vous dis que cette tête-là m'a dit : *Misérable, j'étais innocente!* Et la preuve qu'elle me l'a dit, eh bien! c'est que je voulais me sauver après l'avoir tuée, Jeanne, n'est-ce pas? et qu'au lieu de me sauver, j'ai couru chez M. le maire, pour me dénoncer moi-même. Est-ce vrai, Monsieur le maire, est-ce vrai? répondez.

— Oui, Jacquemin, répondit M. Ledru d'un ton de parfaite bonté. — Oui, c'est vrai.

— Examinez la tête, docteur, dit le commissaire de police.

— Quand je serai parti, Monsieur Robert, quand je serai parti! s'écria Jacquemin.

— N'as-tu pas peur qu'elle te parle encore, imbécile, dit le docteur, en prenant la lumière et s'approchant du sac de plâtre.

— Monsieur Ledru, au nom de Dieu, dit Jacquemin, dites-leur de me laisser en aller, — je vous en prie — je vous en supplie.

— Messieurs, dit le maire en faisant un geste qui arrêta le docteur, — vous n'avez plus rien à tirer de ce malheureux ; permettez que je le fasse conduire en prison. — Quand la loi a ordonné la confrontation, elle a supposé que l'accusé aurait la force de la soutenir.

— Mais le procès-verbal ? dit le commissaire.

— Il est à peu près fini.

— Il faut que l'accusé le signe.

— Il le signera dans sa prison.

— Oui ! oui ! s'écria Jacquemin, dans la prison je signerai tout ce que vous voudrez.

— C'est bien ! fit le commissaire de police.

— Gendarmes ! emmenez cet homme, dit M. Ledru.

— Ah ! merci, Monsieur Ledru, merci,

dit Jacquemin, avec l'expression d'une profonde reconnaissance.

Et prenant lui-même les deux gendarmes par le bras, il les entraîna vers le haut de l'escalier avec une force surhumaine.

Cet homme parti, le drame était parti avec lui. — Il ne restait plus dans la cave que deux choses hideuses à voir : un cadavre sans tête et une tête sans corps.

Je me penchai à mon tour vers M. Ledru.

— Monsieur, lui dis-je, m'est-il permis de me retirer, tout en demeurant à votre disposition pour la signature du procès-verbal ?

— Oui, Monsieur, mais à une condition.

— Laquelle ?

— C'est que vous viendrez signer le procès-verbal chez moi.

— Avec le plus grand plaisir, Monsieur, mais quand cela ?

— Dans une heure à peu près. Je vous montrerai ma maison ; elle a appartenu à Scarron, cela vous intéressera.

— Dans une heure, Monsieur, je serai chez vous.

Je saluai, et je remontai l'escalier à mon tour ; arrivé aux plus hauts degrés, je jetai un dernier coup d'œil dans la cave.

Le docteur Robert, sa chandelle à la main, écartait les cheveux de la tête ; — c'était celle d'une femme encore belle, — autant qu'on pouvait en juger, car les yeux étaient fermés, les lèvres contractées et livides.

Cet imbécile de Jacquemin, dit-il, — soutenir qu'une tête coupée peut parler,

— à moins qu'il n'ait été inventer cela pour faire croire qu'il était fou ; — ce ne serait pas si mal joué. Il y aurait circonstances atténuante.

IV

La maison de Scarron.

Une heure après, j'étais chez M. Ledru.

Le hasard fit que je le rencontrai dans la cour.

— Ah! dit-il en m'apercevant, vous voilà; tant mieux, je ne suis pas fâché de causer un peu avec vous, avant de vous présenter à nos convives, car vous dînez avec nous, n'est-ce pas?

— Mais, monsieur, vous m'excuserez.

— Je n'admets pas d'excuses, vous tombez sur un jeudi; tant pis pour vous: le jeudi, c'est mon jour : tout ce qui entre chez moi le jeudi m'appartient en pleine propriété. Après le dîner, vous serez libre de rester ou de partir. Sans l'évènement de tantôt, vous m'auriez trouvé à table, attendu que je dîne invariablement à deux heures. Aujourd'hui, par extraordinaire, nous dînerons à trois heures et demie ou quatre. Pyrrhus que vous voyez, — et M. Ledru me montrait un magnifique molosse, — Pyrrhus a profité de l'émotion de la mère Antoine, pour s'emparer du gigot ; c'était son droit ; de sorte qu'on a été obligé d'en aller chercher un autre chez le boucher. Je disais que cela me donnerait le temps, non-seulement de vous présenter à mes convives, mais encore celui de vous donner sur eux quelques renseignements.

— Quelques renseignements ?

— Oui, ce sont des personnages qui, comme ceux du *Barbier de Séville* et de *Figaro,* ont besoin d'être précédés d'une certaine explication sur le costume et le caractère; — mais commençons d'abord par la maison.

— Vous m'avez dit, je crois, monsieur, qu'elle avait appartenu à Scarron.

— Oui, c'est ici que la future épouse du roi Louis XIV, en attendant qu'elle amusât l'homme inamusable, soignait le pauvre cul-de-jatte, son premier mari. — Vous verrez sa chambre.

— A madame de Maintenon?

— Non, à madame Scarron; — ne confondons point : la chambre de madame de Maintenon est à Versailles ou à Saint-Cyr. — Venez.

Nous montâmes un grand escalier, et nous nous trouvâmes dans un corridor donnant sur la cour.

— Tenez, me dit M. Ledru, voilà qui vous touche, monsieur le poète ; c'est du plus pur phébus qui se parlât en 1650.

— Ah ! ah ! la carte du Tendre.

— Aller et retour, tracée par Scarron et annotée de la main de sa femme ; rien que cela.

En effet, deux cartes tenaient les entre-deux des fenêtres.

Elles étaient tracées à la plume, sur une grande feuille de papier collée sur carton.

— Vous voyez, continua M. Ledru, ce grand serpent bleu, c'est le fleuve du Tendre; ces petits colombiers, ce sont les hameaux Petits-Soins, Billets-Doux, Mystère. Voilà l'auberge du Désir, la vallée des Douceurs, le pont des Soupirs, la forêt de la Jalousie, toute peuplée de monstres comme celle d'Armide. Enfin, au milieu du lac où le fleuve prend sa source, voici le palais du Parfait-Contentement : c'est le terme du voyage, le but de la course.

—Diable ! que vois-je là, un volcan?

—Oui ; il bouleverse parfois le pays. C'est le volcan des Passions.

—Il n'est pas sur la carte de mademoiselle de Scudéry?

— Non. C'est une invention de madame Paul Scarron. — Et d'une.

— L'autre?

— L'autre, c'est le Retour. Vous le voyez, le fleuve déborde ; il est grossi par les larmes de ceux qui suivent ses rives. Voici les hameaux de l'Ennui, l'auberge des Regrets, l'île du Repentir. C'est on ne peut plus ingénieux.

— Est-ce que vous aurez la bonté de me laisser copier cela ?

— Ah ! tant que vous voudrez. Maintenant, voulez-vous voir la chambre de madame Scarron ?

— Je crois bien !

— La voici.

M. Ledru ouvrit une porte ; il me fit passer devant lui.

— C'est aujourd'hui la mienne ; — mais à part les livres dont elle est encombrée, — je vous la donne pour telle qu'elle était du temps de son illustre propriétaire : — c'est la même alcôve ; le même lit, les mêmes meubles ; ces cabinets de toilette étaient les siens.

— Et la chambre de Scarron ?

— Oh ! la chambre de Scarron était à l'autre bout du corridor ; mais, quant à celle-là, il faudra vous en priver ; — on n'y entre pas : — c'est la chambre secrète, — le cabinet de Barbe-Bleue.

— Diable !

— C'est comme cela. — Moi aussi j'ai mes mystères, tout maire que je suis ; — mais venez, — je vais vous montrer autre chose.

M. Ledru marcha devant moi ; nous descendîmes l'escalier, et nous entrâmes au salon.

Comme tout le reste de la maison, ce salon avait un caractère particulier. Sa tenture était un papier dont il eût été difficile de déterminer la couleur primitive ; tout le long de la muraille régnait un double rang de fauteuils, bordé d'un rang de chaises, le tout en vieille tapisserie ; de place en place, des tables de jeu et des guéridons ; puis, au milieu de tout cela, comme le Léviathan au milieu des poissons de l'Océan, un gigantesque bureau, s'étendant de la muraille, où il appuyait une de ses extrémités, jusqu'au tiers du salon, bureau tout couvert de livres, de brochures, de journaux, au milieu desquels dominait comme un roi *le Constitutionnel*, lecture favorite de M. Ledru.

Le salon était vide, les convives se promenaient dans le jardin, que l'on découvrait dans toute son étendue à travers les fenêtres.

M. Ledru alla droit à son bureau et ouvrit un immense tiroir, dans lequel se trouvait une foule de petits paquets semblables à des paquets de graines. Les objets que renfermait ce tiroir étaient renfermés eux-mêmes dans des papiers étiquetés.

— Tenez, me dit-il, voilà encore pour vous, l'homme historique, quelque chose de plus curieux que la carte du Tendre. C'est une collection de reliques, non pas de saints, mais de rois.

En effet, chaque papier enveloppait un os, des cheveux ou de la barbe. — Il y avait une rotule de Charles IX, le pouce de François Ier, un fragment du crâne de Louis XIV, une côte de Henri II, une vertèbre de Louis XV, de la barbe de Henri IV et des cheveux de Louis XIII. Chaque roi avait fourni son échantillon, et de tous ces os on eût pu recomposer à peu de chose près un squelette qui eût parfaitement représenté celui de la monarchie française, auquel depuis longtemps manquent les ossements principaux.

Il y avait en outre une dent d'Abeilard et une dent d'Héloïse, deux blanches incisives, qui, du temps où elles étaient recouvertes par leurs lèvres frémissantes, — s'étaient peut-être rencontrées dans un baiser.

D'où venait cet ossuaire?

M. Ledru avait présidé à l'exhumation

des rois à Saint-Denis, et il avait pris dans chaque tombeau ce qui lui avait plu.

M. Ledru me donna quelques instants pour satisfaire ma curiosité ; puis, voyant que j'avais à peu près passé en revue toutes ses étiquettes :

— Allons, me dit-il, c'est assez nous occuper des morts, passons un peu aux vivants.

Et il m'emmena près d'une des fenêtres par lesquelles, je l'ai dit, la vue plongeait dans le jardin.

— Vous avez là un charmant jardin, lui dis-je.

— Jardin de curé avec son quinconce de tilleuls, sa collection de dahlias et de rosiers, ses berceaux de vignes et ses espaliers de pêchers et d'abricotiers. — Vous verrez tout cela ; — mais, pour le moment, occupons-nous, non pas du jardin, mais de ceux qui s'y promènent.

— Ah ! dites-moi d'abord qu'est-ce que c'est que ce M. Alliette, dit *Etteilla* par anagramme, qui demandait si l'on voulait savoir son âge véritable, ou seulement l'âge qu'il semblait avoir ; — il me semble qu'il paraît à merveille les soixante-quinze ans que vous lui avez donnés.

— Justement, me répondit M. Ledru.
— Je comptais commencer par lui. Avez-vous lu Hoffmann?

— Oui... pourquoi?

— Eh bien! c'est un homme d'Hoffman. Toute la vie, il a cherché à appliquer les cartes et les nombres à la divination de l'avenir; tout ce qu'il possède passe à la loterie, à laquelle il a commencé par gagner un terne, et à laquelle il n'a jamais gagné depuis. Il a connu Cagliostro et le comte de Saint-Germain: il prétend être de leur famille, avoir comme eux le secret de l'élixir de longue vie. Son âge réel, si vous le lui demandez, est de deux cent soixante-quinze ans : il a d'abord vécu cent ans sans infirmités, du règne de Henri II au règne de Louis XIV ; puis, grâce à son secret, tout en mourant aux yeux du vulgaire, il a accompli trois autres révolutions de cinquante ans chacune. Dans ce moment, il recommence la quatrième, et n'a par conséquent que vingt-cinq ans. Les deux cent cinquante premières années ne comptent plus que comme mémoire. Il vivra ainsi, et il le dit tout haut, jusqu'au jugement dernier. Au quinzième siècle, on eût brûlé Alliette, et on eût eu tort; aujourd'hui on se contente de le plaindre, et on a tort encore. Alliette est l'homme le plus heureux de la terre ; il ne parle que tarots, cartes, sortiléges, sciences égyptiennes de Thot, mystères isiaques. Il publie sur tous ces sujets de petits livres que personne ne lit, et que cependant un libraire, aussi fou que lui, édite sous le pseudonyme, ou plutôt sous l'anagramme d'*Etteilla* ; il a toujours son chapeau plein de brochures. Tenez, voyez-le ; il le tient sous son bras, tant il a peur qu'on ne lui prenne ses précieux livres. Regardez l'homme, regardez le visage, regardez l'habit, et voyez comme la nature est toujours harmonieuse, et combien exactement le chapeau va à la tête, l'homme à l'habit, le pourpoint au moule, comme vous dites, vous autres romantiques.

Effectivement, rien n'était plus vrai. J'examinai Alliette : il était vêtu d'un habit gras, poudreux, râpé, taché; son chapeau, à bords luisants comme du cuir verni, s'élargissait démesurément par le haut; il portait une culotte de ratine noire, des bas noirs ou plutôt roux, et des souliers arrondis comme ceux des rois sous lesquels il prétendait avoir reçu la naissance.

Quant au physique, c'était un gros petit homme, trapu, figure de sphinx, éraillé, large bouche privée de dents, indiquée par un rictus profond, avec des cheveux rares, longs et jaunes, voltigeant comme une auréole autour de sa tête.

— Il cause avec l'abbé Moulle, dis-je à M. Ledru, celui qui vous accompagnait dans notre expédition de ce matin, expédition sur laquelle nous reviendrons, n'est-ce pas?

— Et pourquoi y reviendrons-nous? me demanda M. Ledru en me regardant curieusement.

Parce que, excusez-moi, mais vous

avez paru croire à la possibilité que cette tête ait parlé.

— Vous êtes physionomiste. Eh bien ! c'est vrai, j'y crois ; oui, nous reparlerons de tout cela, et si vous êtes curieux d'histoires de ce genre, vous trouverez ici à qui parler. Mais passons à l'abbé Moulle.

— Ce doit être, interrompis-je, un homme d'un commerce charmant; la douceur de sa voix, quand il a répondu à l'interrogatoire du commissaire de police, m'a frappé.

— Eh bien ! cette fois encore, vous

avez deviné juste. Moulle est un ami à moi depuis quarante ans, et il en a soixante : vous le voyez, il est aussi propre et aussi soigné qu'Alliette est râpé, gras et sale ; c'est un homme du monde au premier degré, jeté fort avant dans la société du faubourg Saint-Germain ; c'est lui qui marie les fils et les filles des pairs de France ; ces mariages sont pour lui l'occasion de prononcer de petits discours que les parties contractantes font imprimer et conservent précieusement dans la famille. — Il a failli être évêque de Clermont. — Savez-vous pourquoi il ne l'a pas été ? parce qu'il a été autrefois ami de Cazotte ; parce que, comme Ca-

zotte enfin, il croit à l'existence des esprits supérieurs et inférieurs, des bons et des mauvais génies : comme Alliette, il fait collection de livres. — Vous trouverez chez lui tout ce qui a été écrit sur les visions et sur les apparitions, sur les spectres, les larves, les revenants. —
— Quoiqu'il parle difficilement, excepté entre amis, de toutes ces choses qui ne sont point tout-à-fait orthodoxes. — En somme, c'est un homme convaincu, mais discret, qui attribue tout ce qui arrive d'extraordinaire dans ce monde à la puissance de l'enfer ou à l'intervention des intelligences célestes. — Vous voyez, il écoute en silence ce que lui dit Alliet-

le, — semble regarder quelque objet que son interlocuteur ne voit pas, et auquel il répond de temps en temps par un mouvement des lèvres ou un signe de tête. Parfois, au milieu de nous, il tombe tout-à-coup dans une sombre rêverie, — frissonne, tremble, tourne la tête, va et vient dans le salon. Dans ce cas, il faut le laisser faire ; il serait dangereux peut-être de le réveiller, — je dis le réveiller, car alors je le crois en état de somnambulisme. D'ailleurs, il se réveille tout seul, et, vous le verrez, dans ce cas il a le réveil charmant.

— Oh ! mais, dites donc, fis-je à M. Ledru, il me semble qu'il vient d'évoquer un de ces esprits dont vous parliez tout à l'heure?

Et je montrai du doigt à mon hôte un véritable spectre ambulant qui venait rejoindre les deux causeurs, et qui posait avec précaution son pied entre les fleurs, sur lesquelles il semblait pouvoir marcher sans les courber.

— Celui-ci, me dit-il, c'est encore un ami à moi, le chevalier Lenoir...

— Le créateur du musée des Petits-Augustins?...

— Lui-même. Il meurt de chagrin de

la dispersion de son musée, pour lequel il a, en 92 et 94, dix fois manqué d'être tué. La restauration, avec son intelligence ordinaire, l'a fait fermer, — avec ordre de rendre les monuments aux édifices auxquels ils appartenaient et aux familles qui avaient des droits pour les réclamer. — Malheureusement, la plupart des monuments étaient détruits, la plupart des familles étaient éteintes, de sorte que les fragments les plus curieux de notre antique sculpture, et par conséquent de notre histoire, ont été dispersés, perdus. C'est ainsi que tout s'en va de notre vieille France; il ne restait plus que ces fragments, et de ces fragments, il ne restera bientôt plus rien ; et quels sont ceux qui détruisent ? ceux-là même qui auraient le plus d'intérêt à la conservation.

Et M. Ledru, tout libéral qu'il était, comme on disait à cette époque, poussa un soupir.

— Sont-ce tous vos convives ? demandai-je à M. Ledru.

— Nous aurons peut-être le docteur Robert. Je ne vous dis rien de celui-là, je présume que vous l'avez jugé. C'est un homme qui a toute sa vie expérimenté sur la machine humaine, comme il eût fait sur un mannequin, sans se douter que cette machine avait une âme pour comprendre les douleurs, et des nerfs pour les ressentir. C'est un bon vivant qui a fait un grand nombre de morts. Celui-là, heureusement pour lui, ne croit pas aux revenants. C'est un esprit médiocre qui pense être spirituel parce qu'il est bruyant, philosophe parce qu'il est athée; c'est un de ces hommes que l'on reçoit, non pour les recevoir, mais parce qu'ils viennent chez vous. Quant à aller les chercher là où ils sont, on n'en aurait jamais l'idée.

— Oh! monsieur, comme je connais cette espèce-là!

— Nous devions avoir encore un autre ami à moi, plus jeune seulement qu'Alliette, que l'abbé Moulle et que le chevalier Lenoir, qui tient tête à la fois à Alliette sur la cartomancie, à Moulle sur la démonologie, au chevalier Lenoir sur les antiquités ; une bibliothèque vivante, un catalogue relié en peau de chrétien, que vous devez connaître vous-même.

— Le bibliophile Jacob?

— Justement.

— Et il ne viendra pas?

— Il n'est pas venu du moins, et comme il sait que nous dînons à deux heures ordinairement, et qu'il va être quatre heures, il n'y a pas de probabilité qu'il nous arrive. — Il est à la recherche de quelque bouquin imprimé à Amsterdam en 1570, édition *princeps* avec trois fautes de typographie, une à la première feuille, une à la septième, une à la dernière.

En ce moment on ouvrit la porte du salon, et la mère Antoine parut.

— Monsieur est servi, annonça-t-elle.

— Allons, Messieurs, dit M. Ledru en ouvrant à son tour la porte du jardin, à table, à table.

Puis, se retournant vers moi :

— Maintenant, me dit-il, il doit y avoir encore quelque part dans le jardin, outre les convives que vous voyez et dont je vous ai fait l'historique, un convive que vous n'avez pas vu et dont je ne vous ai pas parlé. Celui-là est trop détaché des choses de ce monde pour avoir entendu le grossier appel que je viens de faire, et auquel, vous le voyez, se rendent tous nos amis. Cherchez, cela vous regarde, quand vous aurez trouvé son immatérialité, sa transparence, *eine ercheinung,* comme disent les Allemands, vous vous nommerez, vous essaierez de lui persuader qu'il est bon de manger quelquefois, ne fût-ce que pour vivre; vous lui offrirez votre bras et vous nous l'amènerez; allez.

J'obéis à M. Ledru, devinant que le charmant esprit que je venais d'apprécier en quelques minutes me réservait quelque agréable surprise, et je m'avançai dans le jardin en regardant tout autour de moi.

L'investigation ne fut pas longue, et j'aperçus bientôt ce que je cherchais.

C'était une femme assise à l'ombre d'un quinconce de tilleuls, et dont je ne voyais ni le visage ni la taille : le visage, parce qu'il était tourné du côté de la campagne; la taille, parce qu'un grand châle l'enveloppait.

Elle était toute vêtue de noir.

Je m'approchai d'elle sans qu'elle fît un mouvement. Le bruit de mes pas ne semblait point parvenir à son oreille : on eût dit une statue.

Au reste, tout ce que j'aperçus de sa personne était gracieux et distingué.

De loin j'avais déjà vu qu'elle était blonde. Un rayon de soleil, qui passait à travers la feuillée des tilleuls, jouait sur sa chevelure et en faisait une auréole d'or. De près, je pus remarquer la finesse de ses cheveux, qui eussent rivalisé avec ces fils de soie que les premières brises de l'automne détachent du manteau de la Vierge ; son col, un peu trop long peut-être, charmante exagération qui est presque toujours une grâce, si elle n'est point une beauté ; son col s'arrondissait pour aider sa tête à s'appuyer sur sa main droite, dont le coude s'appuyait lui-même au dossier de la chaise, tandis que son bras gauche pendait à côté d'elle, tenant une rose blanche du bout de ses doigts effilés. Col arrondi comme celui d'un cygne, main repliée, bras pendants, tout cela était de la même blancheur mate. — On eût dit un marbre de Paros, sans veine à sa surface, sans pouls à l'intérieur; la rose qui commençait à se faner était plus colorée et plus vivante que la main qui la tenait.

Je la regardai un instant, et plus je la regardais, plus il me semblait que ce n'était point un être vivant que j'avais devant les yeux.

J'en étais arrivé à douter qu'en lui parlant elle se retournât. Deux ou trois fois ma bouche s'ouvrit et se referma sans avoir prononcé une parole.

Enfin je me décidai.

— Madame, lui dis-je.

Elle tressaillit, se retourna, me regarda avec étonnement, comme fait quelqu'un qui sort d'un rêve et qui rappelle ses idées.

Ses grands yeux noirs fixés sur moi, — avec ces cheveux blonds que j'ai décrits, elle avait les sourcils et les yeux noirs ; — ses grands yeux noirs, fixés sur moi, avaient une expression étrange.

Pendant quelques secondes, nous demeurâmes sans nous parler, — elle me regardant, moi l'examinant.

C'était une femme de trente-deux à

trente-trois ans, qui avait dû être d'une merveilleuse beauté avant que ses joues se fussent creusées, avant que son teint eût pâli ; — au reste, je la trouvai parfaitement belle ainsi, avec son visage nacré et du même ton que sa main, sans aucune nuance d'incarnat, ce qui faisait que ses yeux semblaient de jais, ses lèvres de corail.

— Madame, répétai-je, M. Ledru prétend qu'en vous disant que je suis l'auteur d'*Henri III,* de *Christine* et d'*Antony,* vous voudrez bien me tenir pour présenté, et accepter mon bras jusqu'à la salle à manger.

— Pardon, Monsieur, dit-elle, vous êtes là depuis un instant, n'est-ce pas?
— Je vous ai senti venir, — mais je ne pouvais pas me retourner; cela m'arrive quelquefois quand je regarde de certains côtés. Votre voix a rompu le charme, donnez-moi donc votre bras, et allons.

Elle se leva et passa son bras sous le mien; mais à peine, quoiqu'elle ne parût nullement se contraindre, sentis-je la pression de ce bras. On eût dit une ombre qui marchait à côté de moi.

Nous arrivâmes à la salle à manger,

sans avoir dit ni l'un ni l'autre un mot de plus.

Deux places étaient réservées à table.

Une à la droite de M. Ledru pour elle.

Une en face d'elle pour moi.

V

Le soufflet de Charlotte Corday.

Cette table de M. Ledru avait son caractère comme tout ce qui était chez M. Ledru:

C'était un grand fer à cheval appuyé aux fenêtres du jardin, laissant les trois-quarts de l'immense salle libres pour le service. Cette table pouvait recevoir vingt personnes, sans qu'aucune fût gênée; on y mangeait toujours, soit que M. Ledru eût, un, deux, quatre, dix, vingt convives; soit qu'il mangeât seul : ce jour-là nous étions six seulement, et nous en occupions le tiers à peine.

Tous les jeudis, le menu était le même. M. Ledru pensait que, pendant les huit jours écoulés, les convives avaient pu manger autre chose soit chez eux, soit chez les autres hôtes qui les avaient conviés. On était donc sûr de trouver chez M. Ledru, tous les jeudis, le potage, le bœuf, ue poulet à l'estragon, un gigot rôti, des haricots et une salade.

Les poulets se doublaient ou se triplaient, selon les besoins des convives.

Qu'il y eût peu, point, ou beaucoup de monde, M. Ledru se tenait toujours à l'un des bouts de la table, le dos au jardin, le visage vers la cour. Il était assis dans un grand fauteuil incrusté depuis dix ans à la même place; — là il recevait des mains de son jardinier Antoine, — converti, comme maître Jacques, en valet de pied, outre le vin ordinaire, quelques bouteilles de vieux bourgogne qu'on lui apportait avec un respect religieux, et qu'il débouchait et servait lui-même à ses convives avec le même respect et la même religion.

Il y a dix-huit ans, on croyait encore à quelque chose; dans dix ans, on ne croira plus à rien, pas même au vin vieux.

Après le dîner, on passait au salon pour le café.

Le dîner s'écoula comme s'écoule un dîner, à louer la cuisinière, à vanter le vin. — La jeune femme seule ne mangea que quelques miettes de pain, ne but qu'un verre d'eau, et ne prononça pas une seule parole.

Elle me rappelait cette goule des *Mille*

et une nuits qui se mettait à table comme les autres, mais seulement pour manger quelques grains de riz avec un cure-dents.

Après le dîner, comme d'habitude, on passa au salon.

Ce fut naturellement à moi à donner le bras à notre silencieuse convive. Elle fit vers moi la moitié du chemin pour le prendre. C'était toujours la même mollesse dans les mouvements, la même grâce dans la tournure, je dirai presque la même impalpabilité dans les membres.

Je la conduisis à une chaise longue où elle se coucha.

Deux personnes avaient, pendant que nous dînions, été introduites au salon.

C'était le docteur et le commissaire de police.

Le commissaire de police venait nous faire signer le procès-verbal que Jacquemin avait déjà signé dans sa prison.

Une légère tache de sang se faisait remarquer sur le papier.

Je signai à mon tour, et en signant :

— Qu'est-ce que cette tache? demandai-je ; et ce sang vient-il de la femme ou du mari?

— Il vient me répondit le commissaire, de la blessure que le meurtrier avait à la main et qui continue de saigner sans qu'on puisse arrêter le sang.

— Comprenez-vous, monsieur Ledru, dit le docteur, que cette brute-là persiste à affirmer que la tête de sa femme lui a parlé?

— Et vous croyez la chose impossible, n'est-ce pas, docteur?

— Parbleu!

— Vous croyez même impossible que les yeux se soient rouverts?

— Impossible.

— Vous ne croyez pas que le sang, interrompu dans sa fuite par cette couche de plâtre qui a bouché immédiatement toutes les artères et tous les vaisseaux, ait pu rendre à cette tête un moment de vie et de sentiment?

— Je ne crois pas.

— Eh bien! dit M. Ledru, moi je le crois.

— Moi aussi, dit Alliette.

— Moi aussi, dit l'abbé Moulle.

— Moi aussi, dit le chevalier Lenoir.

— Moi aussi, dis-je.

Le commissaire de police et la dame pâle seuls ne dirent rien : l'un sans doute parce que la chose ne l'intéressait point assez, l'autre peut-être parce que la chose l'intéressait trop.

— Ah ! si vous êtes tous contre moi, vous aurez raison. Seulement, si un de vous était médecin...

— Mais, docteur, dit M. Ledru, vous savez que je le suis à peu près.

— En ce cas, dit le docteur, vous devez savoir qu'il n'y a plus de douleur là où il n'y a plus de sentiment, et que le sentiment est détruit par la section de la colonne vertébrale.

— Et qui vous a dit cela? demanda M. Ledru.

— La raison, parbleu !

— Oh ! la bonne réponse. — Est-ce que ce n'est pas aussi la raison qui disait aux juges qui ont condamné Galilée, que c'était le soleil qui tournait et la terre qui restait immobile ? — La raison est une sotte, mon cher docteur. Avez-vous fait des expériences vous-même sur des têtes coupées ?

— Non, jamais.

— Avez-vous lu les dissertations de Sommering ? avez-vous lu les procès-verbaux du docteur Sue ? avez-vous lu les protestations d'Œlcher ?

— Non.

— Ainsi, vous croyez, n'est-ce pas, sur le rapport de M. Guillotin, que sa machine est le moyen le plus sûr, le plus rapide et le moins douloureux de terminer la vie ?

— Je le crois.

— Eh bien! vous vous trompez, mon cher ami, voilà tout.

— Ah! par exemple!

— Écoutez, docteur, puisque vous avez fait un appel à la science, je vais vous parler science; — et aucun de nous croyez-le bien, n'est assez étranger à ce genre de conversation pour n'y point prendre part.

Le docteur fit un geste de doute.

— N'importe, vous comprendrez tout seul alors.

Nous nous étions rapprochés de M. Ledru, et pour ma part, j'écoutais avidement : cette question de la peine de mort appliquée, soit par la corde, soit par le fer, soit par le poison, m'ayant toujours singulièrement préoccupé comme question d'humanité.

J'avais même de mon côté fait quelques recherches sur les différentes douleurs qui précèdent, accompagnent et suivent les différents genres de mort.

— Voyons, parlez, dit le docteur d'un ton incrédule.

— Il est aisé de démontrer à quiconque possède la plus légère notion de la construction et des forces vitales de notre corps, continua M. Ledru, que le sentiment n'est pas entièrement détruit par le supplice, et, ce que j'avance, docteur, est fondé, non point sur des hypothèses, mais sur des faits.

— Voyons ces faits.

— Les voici : 1° Le siége du sentiment est dans le cerveau, n'est-ce pas?

— C'est probable.

— Les opérations de cette conscience du sentiment peuvent se faire, quoique la circulation du sang par le cerveau soit suspendue, affaiblie ou partiellement détruite.

— C'est possible.

— Si donc, le siége de la faculté de sentir est dans le cerveau, aussi longtemps que le cerveau conserve sa force vitale, le supplicié a le sentiment de son existence.

— Des preuves ?

— Les voici : — Haller, dans ses *Éléments de physique*, t. IV. p. 35, dit :

« Une tête coupée rouvrit les yeux et me regarda de côté, parce que, du bout du doigt, j'avais touché sa moelle épinière. »

— Haller, soit ; — mais Haller a pu se tromper.

— Il s'est trompé, je le veux bien. Passons à un autre. — Weycard, *Arts phylosophiques*, p. 221, dit :

« J'ai vu se mouvoir les lèvres d'un homme dont la tête était abattue. »

— Bon ; mais de se mouvoir à parler...

— Attendez, nous y arrivons. — Voici Sommering ; ses œuvres sont là, et vous pouvez chercher. Sommering dit : « Plusieurs docteurs, mes confrères, m'ont assuré avoir vu une tête séparée du corps grincer des dents de douleur, et moi je suis convaincu que si l'air circulait encore par les organes de la voix, *les têtes parleraient.* » — Eh bien ! docteur, continua M. Ledru en pâlissant, — je suis plus avancé que Sommering. — Une tête m'a parlé, à moi.

Nous tressaillîmes tous. — La dame pâle se souleva sur sa chaise longue.

— A vous ?

— Oui, à moi ; direz-vous aussi que je suis un fou ?

— Dam ! fit le docteur, si vous me dites qu'à vous-même...

— Oui, je vous dis qu'à moi-même la chose est arrivée. Vous êtes trop poli, n'est-ce pas, docteur, pour me dire tout haut que je suis un fou; mais vous le direz tout bas, et cela reviendra absolument au même.

— Eh bien ! voyons, contez-nous cela, dit le docteur.

— Cela vous est bien aisé à dire. Savez-vous que ce que vous me demandez de vous raconter, à vous, je ne l'ai jamais raconté à personne depuis trente-sept ans que la chose m'est arrivée; savez-vous que je ne réponds pas de ne point m'évanouir en vous la racontant, comme je me suis évanoui quand cette tête a parlé, quand ces yeux mourants se sont fixés sur les miens?

Le dialogue devenait de plus en plus intéressant, la situation de plus en plus dramatique.

— Voyons, Ledru, du courage, dit Alliette, et contez-nous cela.

— Contez-nous cela, mon ami, dit l'abbé Moulle.

— Contez, dit le chevalier Lenoir.

— Monsieur... murmura la femme pâle.

Je ne dis rien, mais mon désir était dans mes yeux.

— C'est étrange, dit M. Ledru sans nous répondre et comme se parlant à lui-même, c'est étrange comme les évènements influent les uns sur les autres! Vous savez qui je suis, dit M. Ledru en se tournant de mon côté.

— Je sais, Monsieur, répondis-je, que vous êtes un homme fort instruit, fort spirituel, qui donnez d'excellents dîners, et qui êtes maire de Fontenay-aux-Roses.

M. Ledru sourit en me remerciant d'un signe de tête.

— Je vous parle de mon origine, de ma famille, dit-il.

— J'ignore votre origine, Monsieur, et ne connais point votre famille.

— Eh bien! écoutez, je vais vous dire tout cela, et puis peut-être l'histoire que vous désirez savoir et que je n'ose pas vous raconter, viendra-t-elle à la suite. Si elle vient, eh bien! vous la prendrez; si elle ne vient point, ne me la redemandez pas : c'est que la force m'aura manqué pour vous la dire.

Tout le monde s'assit et prit ses mesures pour écouter à son aise.

Au reste, le salon était un vrai salon de récits ou de légendes, grand, sombre, grâce aux rideaux épais et au jour qui allait mourant, dont les angles étaient déjà en pleine obscurité, tandis que les lignes qui correspondaient aux portes et aux fenêtres conservaient seules un reste de lumière.

Dans un de ces angles était la dame pâle. Sa robe noire était entièrement perdue dans la nuit. Sa tête seule, blanche, immobile et renversée sur le coussin du sopha, était visible.

M. Ledru commença :

— Je suis, dit-il, le fils du fameux Comus, physicien du roi et de la reine; mon père, que son surnom burlesque a fait classer parmi les escamoteurs et les charlatans, était un savant distingué de l'école de Volta, de Galvani et de Mesmer. Le premier en France il s'occupa de fantasmagorie et d'électricité, donnant des séances de mathématiques et de physique à la cour.

La pauvre Marie-Antoinette, que j'ai vue vingt fois, et qui plus d'une fois m'a pris par les mains et embrassé lors de son arrivée en France, c'est-à-dire lorsque j'étais un enfant, Marie-Antoinette raffolait de lui. A son passage, en 1777, Joseph II déclara qu'il n'avait rien vu de plus curieux que Comus.

Au milieu de tout cela, mon père s'occupait de l'éducation de mon frère et de la mienne, nous initiant à ce qu'il savait de sciences occultes, et à une foule de connaissances, galvaniques, physiques, magnétiques, qui aujourd'hui sont du domaine public, mais qui à cette époque étaient des secrets, privilèges de quelques-uns seulement; le titre de physicien du roi fit en 93 emprisonner mon père; mais grâce à quelques amitiés que j'avais avec la Montagne, je parvins à le faire relâcher.

Mon père alors se retira dans cette même maison où je suis, et y mourut en 1807, âgé de soixante-seize ans.

Revenons à moi.

J'ai parlé de mes amitiés avec la Montagne. J'étais lié en effet avec Danton et Camille Desmoulins. J'avais connu Marat plutôt comme médecin que comme ami. Enfin, je l'avais connu. Il résulta de cette relation que j'eus avec lui, si courte qu'elle ait été, que le jour où l'on conduisit mademoiselle de Corday à l'échafaud, je me résolus à assister à son supplice.

— J'allais justement, interrompis-je, vous venir en aide dans votre discussion avec M. le docteur Robert sur la persistance de la vie, en racontant le fait que l'histoire a consigné, relativement à Charlotte de Corday.

— Nous y arrivons, interrompit M. Ledru, laissez-moi dire. J'étais témoin; par conséquent à ce que je dirai vous pourrez croire.

Dès deux heures de l'après-midi j'avais pris mon poste près de la statue de la Liberté. C'était par une chaude matinée de Juillet; le temps était lourd, le ciel était couvert et promettait un orage.

A quatre heures l'orage éclata ; ce fut à ce moment-là même, à ce que l'on dit, que Charlotte monta sur la charette.

On l'avait été prendre dans sa prison au moment où un jeune peintre était occupé à faire son portrait. La mort jalouse semblait vouloir que rien ne survécût de la jeune fille, pas même son image.

La tête était ébauchée sur la toile, — et, chose étrange ! au moment où le bourreau entra, le peintre en était à cet endroit du col que le fer de la guillotine allait trancher.

Les éclairs brillaient, la pluie tombait,

le tonnerre grondait; mais rien n'avait pu disperser la populace curieuse; les quais, les ponts, les places étaient encombrés ; — les rumeurs de la terre couvraient presque les rumeurs du ciel. — Ces femmes qu'on appelait du nom énergique de lécheuses de guillotine, la poursuivaient de malédictions. — J'entendais ces rugissements venir à moi comme on entend ceux d'une cataracte. Longtemps avant que l'on pût rien apercevoir, la foule ondula ; enfin comme un navire fatal, la charette apparut, labourant le flot, et je pus distinguer la condamnée, que je ne connaissais pas, que je n'avais jamais vue.

C'était une belle jeune fille de vingt-sept ans, avec des yeux magnifiques, un nez d'un dessin parfait, des lèvres d'une régularité suprême. Elle se tenait debout, la tête levée, moins pour paraître dominer cette foule, que parce que ses mains liées derrière le dos la forçaient de tenir sa tête ainsi. — La pluie avait cessé ; mais comme elle avait supporté la pluie pendant les trois-quarts du chemin, l'eau qui avait coulé sur elle dessinait sur la laine humide les contours de son corps charmant ; — on eût dit qu'elle sortait du bain. — La chemise rouge dont l'avait revêtue le bourreau donnait un aspect étrange, une splendeur sinistre à cette tête si fière et si énergique. — Au moment où elle arrivait sur la place, la pluie cessa, et un rayon de soleil, glissant entre deux nuages, vint se jouer dans ses cheveux, qu'il fit rayonner comme une auréole. En vérité, — je vous le jure, quoiqu'il y eût derrière cette jeune fille un meurtre, — action terrible, même lorsqu'elle venge l'humanité, — quoique je détestasse ce meurtre, — je n'aurais su dire si ce que je voyais était une apothéose ou un supplice. En apercevant l'échafaud, elle pâlit; et cette pâleur fut sensible, surtout à cause de cette chemise rouge, qui montait jusqu'à son col; mais presque aussitôt elle fit un effort, et acheva de se tourner vers l'échafaud, qu'elle regarda en souriant.

La charrette s'arrêta ; Charlotte sauta à terre sans vouloir permettre qu'on l'aidât à descendre, puis elle monta les marches de l'échafaud, rendues glissantes par la pluie qui venait de tomber, aussi vite que le lui permettait la longueur de sa chemise traînante et la gêne de ses mains liées. En sentant la main de l'exécuteur se poser sur son épaule pour arracher le mouchoir qui couvrait son col, elle pâlit une seconde fois, mais, à l'instant même, un dernier sourire vint démentir cette pâleur, et d'elle-même, sans qu'on l'attachât à l'infâme bascule, dans un élan sublime et presque joyeux, elle passa sa tête par la hideuse ouverture. — Le couperet glissa, la tête détachée du tronc tomba sur la plate-forme et rebondit. Ce fut alors, écoutez bien ceci, docteur, écoutez bien ceci, poète, ce fut alors qu'un des valets du bourreau, nommé Legros, saisit cette tête par les cheveux, et par une vile adulation à la multitude, lui donna un soufflet. Eh bien! je vous dis qu'à ce soufflet la tête rougit; je l'ai vue, la tête, non pas la joue, entendez-vous bien? non pas la joue touchée seulement, mais les deux joues, et cela d'une rougeur égale, car le sentiment vivait dans cette tête, — et elle s'indignait d'avoir souffert une honte qui n'était point portée à l'arrêt.

Le peuple aussi vit cette rougeur, et il prit le parti de la morte contre le vivant, de la suppliciée contre le bourreau. Il demanda, séance tenante, vengeance de cette indignité, et, séance tenante, le misérable fut remis aux gendarmes et conduit en prison.

Attendez, dit M. Ledru, qui vit que le docteur voulait parler, attendez, ce n'est pas tout.

Je voulais savoir quel sentiment avait pu porter cet homme à l'acte infâme qu'il avait commis. Je m'informai du lieu où il était; je demandai une permission pour le visiter à l'Abbaye, où on l'avait enfermé, je l'obtins et j'allai le voir.

Un arrêt du tribunal révolutionnaire venait de le condamner à trois mois de prison. Il ne comprenait pas qu'il eût été condamné pour une chose si *naturelle* que celle qu'il avait faite.

Je lui demandai ce qui avait pu le porter à cette action.

— Tiens, dit-il, la belle question! Je

suis marafiste, moi ; je venais de la punir pour le compte de la loi, — j'ai voulu la punir pour mon compte.

— Mais, lui dis-je, vous n'avez donc pas compris qu'il y a presque un crime dans cette violation du respect dû à la mort?

— Ah çà! me dit Legros en me regardant fixement, vous croyez donc qu'ils sont morts, parce qu'on les a guillotinés, vous?

— Sans doute.

— Eh bien! on voit que vous ne regardez pas dans le panier quand ils sont là tous ensemble; que vous ne leur voyez pas tordre les yeux et grincer des dents pendant cinq minutes encore après l'exécution. Nous sommes obligés de changer de panier tous les trois mois, tant ils en saccagent le fond avec les dents. — C'est un tas de têtes d'aristocrates, voyez-vous! qui ne veulent pas se décider à mourir, et je ne serais pas étonné qu'un jour quelqu'une d'elles se mît à crier : Vive le roi!

Je savais tout ce que je voulais savoir; je sortis, poursuivi par une idée : — c'est qu'en effet ces têtes vivaient encore, et je résolus de m'en assurer.

VI

Solange.

La nuit était tont-à-fait venue pendant le récit de M. Ledru. Les habitants du salon n'apparaissaient plus que comme des ombres, — ombres non-seulement muettes, mais encore immobiles, tant on craignait que M. Ledru ne s'arêtât; car on comprenait que, derrière le récit terrible qu'il venait de faire, il y avait un récit plus terrible encore.

On n'entendait donc pas un souffle. — Le docteur seul ouvrait la bouche. Je lui saisis la main pour l'empêcher de parler, et, en effet, il se tut.

Au bout de quelques secondes, M. Ledru continua.

Je venais de sortir de l'Abbaye, et je traversais la place Taranne pour me rendre à la rue de Tournon, que j'habitais, lorsque j'entendis une voix de femme appelant au secours.

Ce ne pouvaient être des malfaiteurs,

il était dix heures du soir à peine. Je courus vers l'angle de la place où j'avais entendu le cri, et je vis, à la lueur de la lune sortant d'un nuage, une femme qui se débattait au milieu d'une patrouille de sans-culottes.

Cette femme, de son côté, m'aperçut, et, remarquant à mon costume que je n'étais pas tout-à-fait un homme du peuple, elle s'élança vers moi en s'écriant :

— Eh! tenez, justement voici M. Albert que je connais; il vous dira que je suis bien la fille de la mère Ledieu, la blanchisseuse.

Et en même temps la pauvre femme, toute pâle et toute tremblante, — me saisit le bras, se cramponnant à moi comme le naufragé à la planche de son salut.

— La fille de la mère Ledieu tant que tu voudras ; mais tu n'as pas de carte de civisme, la belle fille, et tu vas nous suivre au corps-de-garde !

La jeune femme me serra le bras ; — je sentis tout ce qu'il y avait de terreur et de prière dans cette pression. — J'avais compris.

Comme elle m'avait appelé du premier nom qui s'était offert à son esprit, je l'appelai, moi, du premier nom qui se présenta au mien.

— Comment! c'est vous, ma pauvre Solange, lui dis-je, que vous arrive-t-il donc?

— Là, voyez-vous, Messieurs, reprit-elle.

— Il me semble que tu pourrais bien dire : citoyens.

— Écoutez, Monsieur le sergent, ce n'est point ma faute si je parle comme cela, dit la jeune fille, ma mère avait des pratiques dans le grand monde; elle m'avait habituée à être polie, de sorte que c'est une mauvaise habitude que j'ai prise, je le sais bien, une habitude d'aristocrate ; mais que voulez-vous, Monsieur le sergent, je ne puis pas m'en défaire.

Et il y avait dans cette réponse, faite d'une voix tremblante, une imperceptible raillerie que seul je reconnus. Je me demandais quelle pouvait être cette femme. Le problème était impossible à résoudre. Tout ce dont j'étais sûr, c'est qu'elle n'était point la fille d'une blanchisseuse.

— Ce qui m'arrive ? reprit-elle, citoyen

Albert, voilà ce qui m'arrive. Imaginez-vous que je suis allée reporter du linge ; que la maîtresse de la maison était sortie ; que j'ai attendu, pour recevoir mon argent, qu'elle rentrât. Dam ! par le temps qui court, chacun a besoin de son argent. La nuit est venue ; je croyais rentrer au jour. Je n'avais pas pris ma carte de civisme, je suis tombée au milieu de ces Messieurs, pardon. je veux dire de ces citoyens, ils m'ont demandé ma carte, je leur ai dit que je n'en avais pas, ils ont voulu me conduire au corps-de-garde. J'ai crié, vous êtes accouru, justement une connaissance, alors j'ai été rassurée. Je me suis dit : puisque M.

Albert sait que je m'appelle Solange, puisqu'il sait que je suis la fille de la mère Ledieu, il répondra de moi, n'est-ce pas, Monsieur Albert?

— Certainement, je répondrai de vous et j'en réponds.

— Bon ! dit le chef de la patrouille, et qui me répondra de toi, Monsieur le muscadin?

— Danton. Cela te va-t-il? est-ce un bon patriote, celui-là?

— Ah ! si Danton répond de toi, il n'y a rien à dire.

— Eh bien ! c'est jour de séance aux Cordeliers ; allons jusques-là.

— Allons jusques-là, — dit le sergent, — Citoyens sans-culottes, en avant, marche !

Le club des Cordeliers se tenait dans l'ancien couvent des Cordeliers, rue de l'Observance, nous y fûmes en un instant. Arrivé à la porte, je déchirai une page de mon portefeuille, j'écrivis quelques mots au crayon, et je les remis au sergent en l'invitant à les porter à Danton, tandis que nous resterions aux mains du caporal et de la patrouille.

Le sergent entra dans le club, et revint avec Danton.

— Comment, me dit-il, c'est toi qu'on arrête, toi ! toi, mon ami, — toi, l'ami de Camille ! toi, un des meilleurs républicains qui existent. Allons donc ! — Citoyen sergent, ajouta-t-il en se retournant vers le chef des sans-culottes, — je te réponds de lui. — Cela te suffit-il ?

— Tu réponds de lui ; mais réponds-tu d'elle ? reprit l'obstiné sergent.

— D'elle ? De qui parles-tu ?

— De cette femme, pardieu !

— De lui, d'elle, de tout ce qui l'entoure ; es-tu content ?

— Oui, je suis content, dit le sergent, surtout de t'avoir vu.

— Ah pardieu ! ce plaisir-là, tu peux te le donner gratis, regarde-moi tout à ton aise, — pendant que tu me tiens.

— Merci, — continue de soutenir comme tu le fais les intérêts du peuple, et sois tranquille, le peuple te sera reconnaissant.

— Oh ! oui, avec cela que je compte là-dessus ! dit Danton.

— Veux-tu me donner une poignée de main? continua le sergent.

— Pourquoi pas?

Et Danton lui donna la main.

— Vive Danton! cria le sergent.

— Vive Danton! répéta toute la patrouille.

Et elle s'éloigna, conduite par son chef, qui, à dix pas, se retourna, et, agitant son bonnet rouge, cria encore une fois : Vive Danton! cri qui fut répété par ses hommes.

— J'allais remercier Danton, lorsque

son nom plusieurs fois répété dans l'intérieur du club, parvint jusqu'à nous. Danton ! Danton ! criaient plusieurs voix, — à la tribune ! — Pardon mon cher, me dit-il, — tu entends, — une poignée de main, et laisse-moi rentrer. J'ai donné la droite au sergent, — je te donne la gauche. — Qui sait? le digne patriote avait peut-être la gale.

Et se retournant :

— Me voilà ! dit-il, de cette voix puissante qui soulevait et calmait les orages de la rue, — me voilà, attendez-moi.

Et il se rejeta dans l'intérieur du club.

— Je restai seul à la porte avec mon inconnue.

— Maintenant, Madame, lui dis-je, où faut-il que je vous conduise ? je suis à vos ordres.

— Dam ! chez la mère Ledieu, me répondit-elle en riant, vous savez bien que c'est ma mère.

— Mais où demeure la mère Ledieu ?

— Rue Férou, n° 24.

— Allons chez la mère Ledieu, rue Férou, n° 24.

Nous redescendîmes la rue des Fossés-

Monsieur-le-Prince jusqu'à la rue des Fossés-Saint-Germain, puis la rue du Petit-Lion, puis nous remontâmes la place Saint-Sulpice, puis la rue Férou.

Tout ce chemin s'était fait sans que nous eussions échangé une parole.

Seulement, aux rayons de la lune, qui brillait dans toute sa splendeur, j'avais pu l'examiner à mon aise.

C'était une charmante personne de vingt à vingt-deux ans, brune, avec de grands yeux bleus, plus spirituels que mélancoliques, un nez fin et droit, des lèvres railleuses, des dents comme des perles, des mains de reine, des pieds d'enfant. Tout cela ayant, sous le costume vulgaire de la fille de la mère Ledieu, conservé une allure aristocratique qui avait, à bon droit, éveillé la susceptibilité du brave sergent et de sa belliqueuse patrouille.

En arrivant à la porte, nous nous arrêtâmes, et nous nous regardâmes un instant en silence.

— Eh bien ! que me voulez-vous, mon cher monsieur Albert, me dit mon inconnue en souriant.

— Je voulais vous dire, ma chère demoiselle Solange, que ce n'était point la peine de nous rencontrer pour nous quitter si vite.

— Mais je vous demande un million de pardons. Je trouve que c'est tout-à-fait la peine, au contraire, — attendu que si je ne vous eusse pas rencontré, on m'eût conduite au corps-de-garde ; — on m'eût reconnue pour n'être pas la fille de la mère Lediéu ; — on eût découvert que j'étais une aristocrate, et l'on m'eût très probablement coupé le cou.

— Vous avouez donc que vous êtes une aristocrate ?

— Moi, je n'avoue rien.

— Voyons, dites-moi au moins votre nom ?

— Solange.

— Vous savez bien que ce nom, que je vous ai donné à tout hasard, n'est pas le vôtre

— N'importe ! je l'aime et je le garde... pour vous, du moins.

— Quel besoin avez-vous de le garder pour moi, si je ne dois pas vous revoir ?

— Je ne dis pas cela. Je dis seulement

que si nous nous revoyons, il est aussi inutile que vous sachiez comment je m'appelle, que moi comment vous vous appelez. Je vous ai nommé Albert, gardez ce nom d'Albert, comme je garde le nom de Solange.

— Eh bien! soit; mais écoutez, Solange, lui dis-je.

— Je vous écoute, Albert, répondit-elle.

— Vous êtes une aristocrate, vous l'avouez?

— Quand je ne l'avouerais point, vous le devineriez, n'est-ce pas? ainsi mon aveu perd beaucoup de son mérite.

— Et en votre qualité d'aristocrate, vous êtes poursuivie ?

— Il y a bien quelque chose comme cela.

— Et vous vous cachez pour éviter les poursuites ?

— Rue Férou, 24, chez la mère Ledieu, dont le mari a été cocher de mon père. Vous voyez que je n'ai pas de secrets pour vous.

— Et votre père ?

— Je n'ai pas de secrets pour vous,

mon cher monsieur Albert, en tant que ces secrets sont à moi ; mais les secrets de mon père ne sont pas les miens. Mon père se cache de son côté en attendant une occasion d'émigrer. Voilà tout ce que je puis vous dire.

— Et vous, que comptez-vous faire ?

— Partir avec mon père, si c'est possible ; si c'est impossible, le laisser partir seul et aller le rejoindre.

— Et ce soir, quand vous avez été arrêtée, vous reveniez de voir votre père ?

— J'en revenais.

— Écoutez-moi, chère Solange!

— Je vous écoute.

— Vous avez vu ce qui s'est passé ce soir.

— Oui, et cela m'a donné la mesure de votre crédit.

— Oh! mon crédit n'est pas grand, par malheur. Cependant, j'ai quelques amis.

— J'ai fait connaissance ce soir avec l'un d'entre eux.

— Et vous le savez, celui-là n'est pas

un des hommes les moins puissants de l'époque.

— Vous comptez employer son influence pour aider à la fuite de mon père ?

— Non, je la réserve pour vous.

— Et pour mon père ?

— Pour votre père, j'ai un autre moyen.

— Vous avez un autre moyen ! s'écria Solange, en s'emparant de mes mains, et en me regardant avec anxiété.

— Si je sauve votre père, garderez-vous un bon souvenir de moi ?

— Oh! je vous serai reconnaissante toute ma vie.

Et elle prononça ces mots avec une adorable expression de reconnaissance anticipée.

Puis, me regardant, avec un ton suppliant :

— Mais cela vous suffira-t-il? demanda-t-elle.

— Oui, répondis-je.

— Allons! je ne m'étais pas trompée, vous êtes un noble cœur. Je vous remercie au nom de mon père et au mien, et quand vous ne réussiriez pas dans l'avenir, je n'en suis pas moins votre redevable pour le passé.

— Quand nous reverrons-nous, Solange?

— Quand avez-vous besoin de me revoir?

— Demain, j'espère avoir quelque chose de bon à vous apprendre.

— Eh bien! revoyons-nous demain.

— Où cela?

— Ici, si vous voulez.

— Ici, dans la rue ?

— Eh ! mon Dieu ! vous voyez que c'est encore le plus sûr ; depuis une demi-heure que nous causons à cette porte, il n'est point passé une seule personne.

— Pourquoi ne monterais-je pas chez vous, ou pourquoi ne viendriez-vous pas chez moi ?

— Parce que, venant chez moi, vous compromettez les braves gens qui m'ont donné asile ; parce qu'en allant chez vous, je vous compromets.

— Oh bien ! soit ; je prendrai la carte

d'une de mes parentes, et je vous la donnerai.

— Oui, pour qu'on guillotine votre parente si, par hasard, je suis arrêtée.

— Vous avez raison, je vous apporterai une carte au nom de Solange.

— A merveille ! vous verrez que Solange finira par être mon seul et véritable nom.

— Votre heure ?

— La même où nous nous sommes rencontrés aujourd'hui. Dix heures si vous voulez.

— Soit, dix heures.

— Et comment nous rencontrerons-nous ?

— Oh ! ce n'est pas bien difficile. A dix heures moins cinq minutes vous serez à la porte ; à dix heures je descendrai.

— Donc, demain à dix heures, chère Solange.

— Demain, à dix heures, cher Albert.

Je voulus lui baiser la main, elle me présenta le front.

Le lendemain soir, à neuf heures et demie, j'étais dans la rue.

A dix heures moins un quart, Solange ouvrait la porte.

Chacun de nous avait devancé l'heure.

Je ne fis qu'un bond jusqu'à elle.

— Je vois que vous avez de bonnes nouvelles, dit-elle en souriant.

— D'excellentes ; d'abord voici votre carte.

— D'abord mon père.

Et elle repoussa ma main.

— Votre père est sauvé, s'il le veut.

— S'il le veut? dites-vous; que faut-il qu'il fasse?

— Il faut qu'il ait confiance en moi.

— C'est déjà chose faite.

— Vous l'avez vu?

— Oui.

— Vous vous êtes exposée.

— Que voulez-vous? il le faut; mais Dieu est là!

— Et vous lui avez tout dit, à votre père?

— Je lui ai dit que vous m'aviez sauvé

la vie hier, et que vous lui sauveriez peut-être la vie demain.

— Demain, — oui justement, demain s'il veut, je lui sauve la vie.

— Comment cela? dites, voyons, parlez. Quelle admirable rencontre aurais-je faite si tout cela réussissait !

— Seulement, dis-je, en hésitant.

— Eh bien ?

— Vous ne pourrez point partir avec lui.

— Quant à cela, ne vous ai-je point dit que ma résolution était prise ?

— D'ailleurs, plus tard, je suis sûr de vous avoir un passeport.

— Parlons de mon père d'abord, nous parlerons de moi après.

— Eh bien ! je vous ai dit que j'avais des amis, n'est-ce pas ?

— Oui.

— J'en ai été voir un aujourd'hui.

— Après ?

— Un homme que vous connaissez de nom, et dont le nom est un garant de courage, de loyauté et d'honneur.

— Et ce nom, c'est...

— Marceau.

— Le général Marceau ?

— Justement.

— Vous avez raison, si celui-là a promis, il tiendra.

— Eh bien ! il a promis.

— Mon Dieu ! que vous me faites heureuse ! Voyons, qu'a-t-il promis ! dites.

— Il a promis de nous servir.

— Comment cela ?

— Ah! d'une manière bien simple. Klébèr vient de le faire nommer général en chef de l'armée de l'Ouest. Il part demain soir.

— Demain soir, mais nous n'aurons le temps de rien préparer.

— Nous n'avons rien à préparer.

— Je ne comprends pas.

— Il emmène votre père.

— Mon père!

— Oui, en qualité de secrétaire. Arrivé en Vendée, votre père engage à Marceau sa parole de ne pas servir contre la

France, et, une nuit, il gagne un camp Vendéen : de la Vendée, il passe en Bretagne, en Angleterre. Quand il est installé à Londres, il vous donne de ses nouvelles ; je vous procure un passeport, et vous allez le rejoindre à Londres.

— Demain ! s'écria Solange. Mon père, partirait demain !

— Mais il n'y a pas de temps à perdre.

— Mon père n'est pas prévenu.

— Prévenez-le.

— Ce soir ?

— Ce soir.

— Mais comment, à cette heure?

— Vous avez une carte et mon bras.

— Vous avez raison. — Ma carte.

Je la lui donnai; elle la mit dans sa poitrine.

— Maintenant, votre bras.

Je lui donnai mon bras, et nous partîmes.

Nous descendîmes jusqu'à la place Taranne, c'est-à-dire jusqu'à l'endroit où je l'avais rencontrée la veille.

— Attendez-moi ici, me dit-elle.

Je m'inclinai et j'attendis.

Elle disparut au coin de l'ancien hôtel Matignon; — puis, au bout d'un quart d'heure, elle reparut.

— Venez, dit-elle, mon père veut vous voir et vous remercier.

Elle reprit mon bras et me conduisit rue Saint-Guillaume, en face de l'hôtel Mortemart.

Arrivée là, elle tira une clé de sa poche, ouvrit une petite porte bâtarde, me prit par la main, me guida jusqu'au deuxième étage, et frappa d'une façon particulière.

Un homme de quarante-huit à cinquante ans ouvrit la porte. Il était vêtu en ouvrier, et paraissait exercer l'état de relieur de livres.

Mais aux premiers mots qu'il me dit, aux premiers remercîments qu'il m'adressa, le grand seigneur s'était trahi.

— Monsieur, me dit-il, la Providence vous a envoyé à nous, et je vous reçois comme un envoyé de la Providence. Est-il vrai que vous pouvez me sauver, et surtout que vous voulez me sauver ?

Je lui racontai tout, je lui dis comment Marceau se chargeait de l'emmener en qualité de secrétaire, et ne lui demandait rien autre chose que la promesse de ne point porter les armes contre la France.

— Cette promesse, je vous la fais de bon cœur, et je la lui renouvellerai.

— Je vous en remercie en son nom et au mien.

— Mais quand Marceau part-il?

— Demain.

— Dois-je me rendre chez lui cette nuit?

— Quand vous voudrez; il vous attendra toujours.

Le père et la fille se regardèrent.

Je crois qu'il serait plus prudent de vous y rendre dès ce soir, mon père, dit Solange.

— Soit. Mais si l'on m'arrête, je n'ai pas de carte de civisme.

— Voici la mienne.

— Mais vous?

— Oh! moi, je suis connu.

— Où demeure Marceau?

— Rue de l'Université, n° 40, chez sa

sœur, mademoiselle Desgraviers-Marceau.

— M'y accompagnez-vous ?

— Je vous suivrai par derrière, pour pouvoir ramener mademoiselle, quand vous serez entré.

— Et comment Marceau saura-t-il que je suis l'homme dont vous lui avez parlé ?

— Vous lui remettrez cette cocarde tricolore, c'est le signe de reconnaissance.

— Que ferai-je pour mon libérateur ?

— Vous me chargerez du salut de votre

fille, comme elle m'a chargé du vôtre

— Allons.

Il mit son chapeau et éteignit les lumières.

Nous descendîmes à la lueur d'un rayon de lune, qui filtrait par les fenêtres de l'escalier.

A la porte, il prit le bras de sa fille, appuya à droite, et par la rue des Saint-Pères, gagna la rue de l'Université.

Je les suivais toujours à dix pas.

On arriva au numéro 40, sans avoir rencontré personne.

Je m'approchai d'eux.

— C'est de bon augure, dis-je ; maintenant, voulez-vous que j'attende ou que je monte avec vous ?

— Non, ne vous compromettez pas davantage ; attendez ma fille ici.

Je m'inclinai.

— Encore une fois, merci et adieu, me dit-il, me tendant la main. La langue n'a point de mots pour traduire les sentiments que je vous ai voués. J'espère que Dieu un jour me mettra à même de vous exprimer toute ma reconnaissance.

Je lui répondis par un simple serrement de main.

Il entra; Solange le suivit. Mais, elle aussi, avant d'entrer, me serra la main.

Au bout de dix minutes, la porte se rouvrit.

— Eh bien? lui dis-je.

— Eh bien! reprit-elle, votre ami est bien digne d'être votre ami; — c'est-à-dire qu'il a toutes les délicatesses. — Il comprend que je serai heureuse de rester avec mon père jusqu'au moment du départ. Sa sœur me fait dresser un lit dans sa chambre. Demain, à trois heures de l'après-midi, mon père sera hors de tout danger. Demain, à dix heures du soir, comme aujourd'hui, si vous croyez que le remercîment d'une fille qui vous devra son père vaille la peine de vous déranger, venez le chercher rue Férou.

— Oh! certes, j'irai. Votre père ne vous a rien dit pour moi?

— Il vous remercie de votre carte que voici, et vous prie de me renvoyer à lui le plus tôt qu'il vous sera possible.

— Ce sera quand vous voudrez, Solange, répondis-je, le cœur serré.

— Faut-il au moins que je sache où

rejoindre mon père, dit-elle, : — Oh! vous n'êtes pas encore débarrassé de moi.

Je pris sa main et la serrai contre mon cœur.

Mais elle, me présentant son front comme la veille :

— A demain, dit-elle.

Et appuyant mes lèvres contre son front, ce ne fut plus seulement sa main que je serrai contre mon cœur, mais sa poitrine frémissante, mais son cœur bondissant.

Je rentrai chez moi joyeux d'âme comme jamais je ne l'avais été. Était-ce la conscience de la bonne action que j'avais faite, était-ce que déjà j'aimais l'adorable créature ?

Je ne sais si je dormis ou si je veillai ; je sais que toutes les harmonies de la nature chantaient en moi ; je sais que la nuit me parut sans fin, le jour immense ; je sais que, tout en poussant le temps devant moi, j'eusse voulu le retenir pour ne pas perdre une minute des jours que j'avais encore à vivre.

Le lendemain, j'étais à neuf heures dans la rue Férou.

A neuf heures et-demie Solange parut.

Elle vint à moi et me jeta les bras autour du cou.

— Sauvé, dit-elle, mon père est sauvé, et c'est à vous que je dois son salut ! Oh ! que je vous aime ?

— Quinze jours après, Solange reçut une lettre qui lui annonçait que son père était en Angleterre.

Le lendemain, je lui apportai un passeport.

En le recevant, Solange fondit en larmes.

— Vous ne m'aimez donc pas? dit-elle.

— Je vous aime plus que ma vie, répondis-je; mais j'ai engagé ma parole à votre père, et avant tout je dois tenir ma parole.

— Alors, dit-elle, c'est moi qui manquerai à la mienne. Si tu as le courage de me laisser partir, Albert, moi je n'ai pas le courage de te quitter.

Hélas! elle resta.

VII

Albert.

Comme à la première interruption du récit de M. Ledru, il se fit un moment de silence.

Silence mieux respecté encore que la première fois, car on sentait qu'on approchait de la fin de l'histoire, et M. Ledru avait dit que, cette histoire, il n'aurait peut-être pas la force de la finir.

Mais presqu'aussitôt il reprit :

— Trois mois s'étaient écoulés depuis cette soirée où il avait été question du départ de Solange, et, depuis cette soirée, pas un mot de séparation n'avait été prononcé.

Solange avait désiré un logement rue Taranne. Je l'avais pris sous le nom de Solange ; je ne lui en connaissais pas d'autre, comme elle ne m'en connaissait pas d'autre qu'Albert. Je l'avais fait entrer dans une institution de jeunes filles en qualité de sous-maîtresse, et cela pour la soustraire plus sûrement aux recherches de la police révolutionnaire, devenues plus actives que jamais.

Les dimanches et les jeudis, nous les passions ensemble dans ce petit appartement de la rue Taranne : de la fenêtre de la chambre à coucher, nous voyions la place où nous nous étions rencontrés pour la première fois.

Chaque jour nous recevions une lettre ; elle au nom de Solange, moi au nom d'Albert.

Ces trois mois avaient été les plus heureux de ma vie.

Cependant, je n'avais pas renoncé à ce dessein qui m'était venu à la suite de ma conversation avec le valet du bourreau. J'avais demandé et obtenu la permission de faire des expériences sur la persistance de la vie après le supplice, et ces expériences m'avaient démontré que la douleur survivait au supplice, et devait être terrible.

— Ah! voilà ce que je nie, s'écria le docteur.

— Voyons, reprit M. Ledru, nierez-vous que le couteau frappe à l'endroit de notre corps le plus sensible, à cause des nerfs qui y sont réunis? Nierez-vous que le col renferme tous les nerfs des membres supérieurs : le sympathique, le vagus, le phrémius, enfin la moëlle épinière, qui est la source même des nerfs qui appartiennent aux membres inférieurs ? Nierez-vous que le brisement, que l'écrasement de la colonne vertébrale osseuse, ne produise une des plus atroces douleurs qu'il soit donné à une créature humaine d'éprouver ?

— Soit, dit le docteur ; mais cette douleur ne dure que quelques secondes.

— Oh ! c'est ce que je nie à mon tour, s'écria M. Ledru avec une profonde conviction : et puis, ne durât-elle que quelques secondes, pendant ces quelques secondes, *le sentiment, la personnalité, le moi* restent vivants ; la tête entend, voit, sent et juge la séparation de son être, et qui dira si la courte durée de la souffrance peut compenser l'horrible intensité de cette souffrance *?

— Ainsi, à votre avis le décret de l'Assemblée constituante qui a substitué la guillotine à la potence, était une erreur

---

* Ce n'est pas pour faire de l'horrible à froid que nous nous appesantissons sur un pareil sujet, mais il nous semble qu'au moment où l'on se préoccupe de l'abolition de la peine de mort, une pareille dissertation n'était pas oiseuse.

philantropique, et mieux valait être pendu que décapité ?

— Sans aucun doute, beaucoup se sont pendus ou ont été pendus, qui sont revenus à la vie. — Eh bien ! ceux-là ont pu dire la sensation qu'ils ont éprouvée. — C'est celle d'une apoplexie foudroyante, — c'est-à-dire d'un sommeil profond sans aucune douleur particulière, sans aucun sentiment d'une angoisse quelconque, une espèce de flamme qui jaillit devant les yeux, et qui, peu à peu, se change en couleur bleue, puis en obscurité, lorsque l'on tombe en syncope. Et, en effet, docteur, vous savez cela mieux que personne. L'homme auquel on comprime le cerveau avec le doigt, à un endroit où manque un morceau du crâne, cet homme n'éprouve aucune douleur, seulement, il s'endort. Eh bien ! le même phénomène arrive quand le cerveau est comprimé par un amoncellement du sang. — Or, chez le pendu, le sang s'amoncelle, d'abord parce qu'il entre dans le cerveau par les artères vertébrales, qui, traversant les canaux osseux du col, ne peuvent être compromis, ensuite, parce que, tendant à refluer par les veines du col, il se trouve arrêté par le lien qui noue le cou et les veines.

— Soit, dit le docteur, mais revenons aux expériences. J'ai hâte d'arriver à cette fameuse tête qui a parlé.

Je crus entendre comme un soupir s'échapper de la poitrine de M. Ledru. — Quant à voir son visage, c'était impossible. — Il faisait nuit complète.

— Oui, dit-il, en effet, je m'écarte de mon sujet, docteur, revenons à mes expériences.

— Malheureusement, les sujets ne me manquaient point.

Nous étions au plus fort des exécutions, on guillotinait trente ou quarante personnes par jour, et une si grande quantité de sang coulait sur la place de la Révolution, que l'on avait été obligé de pratiquer autour de l'échafaud, un fossé de trois pieds de profondeur.

Ce fossé était recouvert de planches.

Une de ces planches tourna sous le pied d'un enfant de huit ou dix ans, qui tomba dans ce hideux fossé et s'y noya.

Il va sans dire que je me gardai bien de dire à Solange à quoi j'occupais mon temps le jour où je ne la voyais pas ; au reste, je dois avouer que j'avais d'abord éprouvé une si forte répugnance pour ces pauvres débris humains, que j'avais été effrayé de l'arrière-douleur que mes expériences ajoutaient peut-être au supplice. — Mais enfin, je m'étais dit que ces études auxquelles je me livrais, étaient faites au profit de la société tout entière, attendu que si je parvenais jamais à faire partager mes convictions à une réunion de législateurs, j'arriverais peut-être à faire abolir la peine de mort.

Au fur et à mesure que mes expériences donnaient des résultats, je les consignais dans un mémoire.

Au bout de deux mois, j'avais fait sur la persistance de la vie après le supplice, toutes les expériences que l'on peut faire. Je résolus de pousser ces expériences encore plus loin s'il était possible, à l'aide du galvanisme et de l'électricité.

On me livra le cimetière de Clamart, et l'on mit à ma disposition toutes les têtes et tous les corps des suppliciés.

On avait changé pour moi, en laboratoire, une petite chapelle qui était bâtie à l'angle du cimetière. Vous le savez, après avoir chassé les rois de leurs palais, on chassa Dieu de ses églises.

J'avais là une machine électrique, et trois ou quatre de ces instruments appelés *excitateurs*.

Vers cinq heures arrivait le terrible convoi. Les corps étaient pêle-mêle dans le tombereau, les têtes pêle-mêle dans un sac.

Je prenais au hasard une ou deux têtes et un ou deux corps; on jetait le reste dans la fosse commune.

Le lendemain, les têtes et les corps sur lesquels j'avais expérimenté la veille, étaient joints au convoi du jour. Presque toujours mon frère m'aidait dans ces expériences.

Au milieu de tous ces contacts avec la mort, mon amour pour Solange augmentait chaque jour. De son côté, la pauvre enfant m'aimait de toutes les forces de son cœur.

Bien souvent j'avais pensé à en faire ma femme, bien souvent nous avions mesuré le bonheur d'une pareille union; mais, pour devenir ma femme, il fallait que Solange dît son nom, et son nom, qui était celui d'un émigré, d'un aristocrate, d'un proscrit, portait la mort avec lui.

Son père lui avait écrit plusieurs fois pour hâter son départ, mais elle lui avait dit notre amour. Elle lui avait demandé son consentement à notre mariage, qu'il avait accordé ; tout allait donc bien de ce côté-là.

Cependant, au milieu de tous ces procès terribles, un procès plus terrible que les autres nous avait profondément attristés tous deux.

C'était le procès de Marie-Antoinette.

Commencé le 4 octobre, ce procès se suivait avec activité : le 14 octobre, elle avait comparu devant le tribunal révolutionnaire, le 16 à quatre heures du matin, elle avait été condamnée ; le même jour, à onze heures, elle était montée sur l'échafaud.

Le matin, j'avais reçu une lettre de Solange, qui m'écrivait qu'elle ne voulait point laisser passer une pareille journée sans me voir.

J'arrivai vers deux heures à notre petit appartement de la rue Taranne, et je trouvai Solange toute en pleurs. J'étais moi-même profondément affecté de cette exécution. La reine avait été si bonne pour moi dans ma jeunesse, que j'avais gardé un profond souvenir de cette bonté.

Oh! je me souviendrai toujours de cette journée; c'était un mercredi, il y avait dans Paris, plus que de la tristesse, il y avait de la terreur.

Quant à moi, j'éprouvais un étrange découragement, quelque chose comme le pressentiment d'un grand malheur. J'avais voulu essayer de rendre des forces à Solange, qui pleurait, renversée dans mes bras, et les paroles consolatrices m'avaient manqué, parce que la consolation n'était pas dans mon cœur.

Nous passâmes comme d'habitude la nuit ensemble ; notre nuit fut plus triste encore que notre journée. Je me rappelle qu'un chien enfermé dans un appartement au-dessous du nôtre, hurla jusqu'à deux heures du matin.

Le lendemain nous nous informâmes ; son maître était sorti en emportant la clé ; dans la rue il avait été arrêté, conduit au tribunal révolutionnaire ; condamné à trois heures, il avait été exécuté à quatre.

Il fallait nous quitter ; les classes de Solange commençaient à neuf heures du matin. Son pensionnat était situé près du Jardin-des-Plantes. J'hésitai longtemps à la laisser aller. — Elle-même ne pouvait se résoudre à me quitter. — Mais rester deux jours dehors, c'était s'exposer à des investigations toujours dangereuses dans la situation de Solange.

Je fis avancer une voiture, et la conduisis jusqu'au coin de la rue des Fossés-Saint-Bernard; — là je descendis pour la laisser continuer son chemin. Pendant toute la route, nous nous étions tenus embrassés sans prononcer une parole, mêlant nos larmes, qui coulaient jusque sur nos lèvres, mêlant leur amertume à la douceur de nos baisers.

Je descendis du fiacre ; mais, au lieu de m'en aller de mon côté, je restai cloué à la même place, pour voir plus longtemps la voiture qui l'emportait. — Au bout de vingt pas, la voiture s'arrêta,

Solange passa sa tête par la portière, comme si elle eût deviné que j'étais encore là. — Je courus à elle. Je remontai dans le fiacre ; je refermai les glaces. Je la pressai encore une fois dans mes bras. Mais neuf heures sonnèrent à Saint-Étienne-du-Mont. — J'essuyai ses larmes, — je fermai ses lèvres d'un triple baiser, et, sautant en bas de la voiture, je m'éloignai tout courant.

Il me sembla que Solange me rappelait ; mais toutes ces larmes, toutes ces hésitations pouvaient être remarquées. J'eus le fatal courage de ne pas me retourner.

Je rentrai chez moi désespéré. Je passai la journée à écrire à Solange ; le soir, je lui envoyai un volume.

Je venais de faire jeter ma lettre à la poste, lorsque j'en reçus une d'elle.

Elle avait été fort grondée ; on lui avait fait une foule de questions, et on l'avait menacée de lui retirer sa première sortie.

Sa première sortie était le dimanche suivant ; mais Solange me jurait qu'en tout cas, dût-elle rompre avec la maîtresse de pension, elle me verrait ce jour-là.

Moi aussi, je le jurai ; il me semblait

que si j'étais sept jours sans la voir, ce qui arriverait si elle n'usait pas de sa première sortie, je deviendrais fou.

D'autant plus que Solange exprimait quelque inquiétude, une lettre qu'elle avait trouvée à sa pension en y rentrant, et qui venait de son père, lui paraissait avoir été décachetée.

Je passai une mauvaise nuit, une plus mauvaise journée le lendemain. J'écrivis comme d'habitude à Solange, et, comme c'était mon jour d'expériences, vers trois heures je passai chez mon frère afin de l'emmener avec moi à Clamart.

Mon frère n'était pas chez lui ; je partis seul.

Il faisait un temps affreux ; la nature, désolée, se fondait en pluie, de cette pluie froide et torrentueuse qui annonce l'hiver. Tout le long de mon chemin, j'entendais les crieurs publics, hurler d'une voix éraillée la liste des condamnés du jour ; elle était nombreuse : il y avait des hommes, des femmes et des enfants. La sanglante moisson était abondante, et les sujets ne me manqueraient pas pour la séance que j'allais faire le soir.

Les jours finissaient de bonne heure.

A quatre heures, j'arrivai à Clamart; il faisait presque nuit.

L'aspect de ce cimetière, avec ses vastes tombes fraîchement remuées, avec ses arbres rares et cliquetant au vent comme des squelettes, était sombre et presque hideux.

Tout ce qui n'était pas terre retournée, était herbe, chardons ou orties. Chaque jour la terre retournée envahissait la terre verte.

Au milieu de tous ces boursoufflements du sol, la fosse du jour était béante et attendait sa proie, on avait prévu le surcroit de condamnés, et la fosse était plus grande que d'habitude.

Je m'en approchai machinalemeut. Tout le fond était plein d'eau ; pauvres cadavres nus et froids qu'on allait jeter dans cette eau froide comme eux!

En arrivant près de la fosse, mon pied glissa, et je faillis tomber dedans, mes cheveux se hérissèrent. J'étais mouillé, j'avais le frisson, je m'acheminai vers mon laboratoire.

C'était, comme je l'ai dit, une ancienne chapelle; je cherchai des yeux ; pourquoi cherchai-je? cela, je n'en sais rien. Je cherchai des yeux s'il restait à la muraille, ou sur ce qui avait été l'autel, quelque signe de culte ; la muraille était nue, l'autel était ras. A la place où était autrefois le tabernacle, c'est-à-dire Dieu, c'est-à-dire la vie, il y avait un crâne dépouillé de sa chair et de ses cheveux, c'est-à-dire la mort, c'est-à-dire le néant.

J'allumai ma chandelle ; je la posai sur ma table à expériences, toute chargée de ces outils de forme étrange que j'avais inventés moi-même, et je m'assis, — rêvant à quoi ? — à cette pauvre reine que j'avais vue si belle, si heureuse, si aimée ; qui, la veille, poursuivie des imprécations de tout un peuple, avait été conduite en charrette à l'échafaud, et qui, à cette heure, la tête séparée du corps, dormait dans la bière des pauvres, elle qui avait dormi sous les lambris dorés des Tuileries, de Versailles et de Saint-Cloud.

Pendant que je m'abîmais dans ces sombres réflexions, la pluie redoublait, le vent passait en larges raffales, jetant sa plainte lugubre parmi les branches des arbres, parmi les tiges des herbes qu'il faisait frissonner.

A ce bruit, se mêla bientôt comme un roulement de tonnerre lugubre; seulement ce tonnerre, au lieu de gronder dans les nues, bondissait sur le sol qu'il faisait trembler.

C'était le roulement du rouge tombereau, qui revenait de la place de la Révolution, et qui entrait à Clamart.

La porte de la petite chapelle s'ouvrit, et deux hommes ruisselant d'eau entrèrent portant un sac.

L'un était ce même Legros que j'avais visité en prison, l'autre était un fossoyeur.

— Tenez, monsieur Ledru, me dit le valet du bourreau, voilà votre affaire;

— vous n'avez pas besoin de vous presser ce soir ; — nous vous laissons tout le bataclan ; — demain on les enterrera ; — il fera jour ; — ils ne s'enrhumeront pas pour avoir passé une nuit à l'air.

Et avec un rire hideux, ces deux stipendiés de la mort posèrent leur sac dans l'angle, près de l'ancien autel à ma gauche devant moi.

Puis ils sortirent sans refermer la porte qui se mit à battre contre son chambranle, laissant passer des bouffées de vent qui faisaient vaciller la flamme de ma chandelle, qui montait pâle et pour ainsi dire mourante, le long de sa mèche noircie.

Je les entendis dételer le cheval, fermer le cimetière et partir, laissant le tombereau plein de cadavres.

J'avais eu grande envie de m'en aller avec eux ; mais je ne sais pourquoi quelque chose me retenait à ma place, — tout frissonnant. — Certes, je n'avais pas peur ; mais le bruit de ce vent, le fouettement de cette pluie, le cri de ces arbres qui se tordaient, les sifflements de cet air qui faisait trembler ma lumière, — tout cela secouait sur ma tête un vague effroi, — qui de la racine humide de mes cheveux, se répandait par tout mon corps.

Tout-à-coup, il me sembla qu'une voix douce et lamentable à la fois, qu'une voix qui partait de l'enceinte même de la petite chapelle, prononçait le nom d'Albert.

Oh! pour le coup je tressaillis. — Albert!... Une seule personne au monde me nommait ainsi.

Mes yeux égarés firent lentement le tour de la petite chapelle, dont, si étroite qu'elle fût, ma lumière ne suffisait pas pour éclairer les parois, et s'arrêtèrent sur le sac dressé à l'angle de l'autel, et dont la toile sanglante et bosselée, indiquait le funèbre contenu.

Au moment où mes yeux s'arrêtaient sur le sac, la même voix, mais plus faible, mais plus lamentable encore, répéta le même nom.

— Albert!

Je me redressai froid d'épouvante : cette voix semblait venir de l'intérieur du sac.

Je me tâtai pour savoir si je dormais ou si j'étais éveillé ; puis raide, marchant comme un homme de pierre, les bras étendus, je me dirigeai vers le sac, où je plongeai une de mes mains.

Alors il me sembla que des lèvres encore tièdes, s'appuyaient sur ma main.

J'en étais à ce degré de terreur, où l'excès de la terreur même nous rend le courage. Je pris cette tête, et, revenant à mon fauteuil, où je tombai assis, je la posai sur la table.

Oh! je jetai un cri terrible. Cette tête, dont les lèvres semblaient tièdes encore, dont les yeux étaient à demi fermés, c'était la tête de Solange!

Je crus être fou. Je criai trois fois :

Solange! Solange! Solange!

A la troisième fois, les yeux se rouvrirent, me regardèrent, laissèrent tomber deux larmes, et, jetant une flamme humide comme si l'âme s'en échappait, se refermèrent pour ne plus se rouvrir.

Je me levai fou, insensé, furieux; je voulais fuir, mais, en me relevant, j'accrochai la table avec le pan de mon habit; la table tomba, entraînant la chandelle qui s'éteignit, la tête qui roula, m'entraînant moi-même éperdu. Alors, il me sembla, couché à terre, voir cette tête glisser vers la mienne sur la pente des dalles : ses lèvres touchèrent mes lèvres, un frisson de glace passa par tout mon corps; je jetai un gémissement, et je m'évanouis.

Le lendemain, à six heures du matin, les fossoyeurs me retrouvèrent aussi froid que la dalle sur laquelle j'étais couché.

Solange, reconnue par la lettre de son père, avait été arrêtée le jour même, condamnée le jour même, et exécutée le jour même.

Cette tête qui m'avait parlé, ces yeux qui m'avaient regardé, ces lèvres qui avaient baisé mes lèvres, c'étaient les lèvres, les yeux, la tête de Solange.

Vous savez, Lenoir, continua M. Ledru, se retournant vers le chevalier, c'est à cette époque que je faillis mourir.

VIII

Le Chat, l'Huissier et le Squelette.

L'effet produit par le récit de M. Ledru fut terrible ; nul de nous ne songea à réagir contre cette impression, pas même le docteur. Le chevalier Lenoir, interpellé par M. Ledru, répondait par un simple signe d'adhésion ; la dame pâle, qui s'était un instant soulevée sur son canapé, était retombée au milieu de ses coussins, et n'avait donné signe d'existence que par un soupir; le commissaire de police, qui ne voyait pas dans tout cela matière à verbaliser, ne soufflait pas le mot. — Pour mon compte, je notais tous les détails de la catastrophe dans mon esprit, afin de les retrouver, — s'il me plaisait de les raconter un jour, — et quant à Alliette et à l'abbé Moulle, l'aventure rentrait trop complètement dans leurs idées pour qu'ils essayassent de la combattre.

Au contraire, l'abbé Moullè rompit le premier le silence, et, résumant en quelque sorte l'opinion générale.

— Je crois parfaitement à ce que vous venez de nous raconter, — mon cher Ledru, dit-il ; mais comment vous expliquez-vous *ce fait*, comme on dit en langage matériel ?

— Je ne me l'explique pas, dit M. Ledru ; — je le raconte ; voilà tout.

— Oui, comment l'expliquez-vous ? demanda le docteur, — car enfin, quelle que soit la persistance de la vie, vous n'admettez pas qu'au bout de deux heures, une tête coupée parle, regarde, agisse.

— Si je me l'étais expliqué, mon cher docteur, dit M. Ledru, je n'aurais pas fait à la suite de cet évènement une si terrible maladie.

— Mais enfin, docteur, dit le chevalier Lenoir comment l'expliquez-vous vous-même? — car vous n'admettez point que Ledru vienne de nous raconter une histoire inventée à plaisir; — sa maladie est un fait matériel aussi.

— Parbleu! la belle affaire! Par une hallucination. M. Ledru a cru voir, M. Ledru a cru entendre; c'est exactement pour lui comme s'il avait vu, entendu. — Les organes qui transmettent la perception au *sensorium*, —

c'est-à-dire au cerveau, peuvent être troublés par les circonstances qui influent sur eux; — dans ce cas-là, ils se troublent, et, en se troublant, — transmettent des perceptions fausses: on croit entendre, on entend, on croit voir, et on voit.

Le froid, la pluie, l'obscurité avaient troublé les organes de M. Ledru, voilà tout. Le fou aussi voit et entend ce qu'il croit voir et entendre; l'hallucination est une folie momentanée; on en garde la mémoire lorsqu'elle a disparu. Voilà tout.

— Mais quand elle ne disparaît pas? demanda l'abbé Moulle.

— Eh bien! alors la maladie rentre dans l'ordre des maladies incurables, et l'on en meurt.

— Et avez-vous traité parfois ces sortes de maladies, docteur ?

— Non, mais j'ai connu quelques médecins les ayant traitées, et entre autres un docteur anglais qui accompagnait Walter-Scott à son voyage en France.

— Lequel vous a raconté ?...

— Quelque chose de pareil à ce que vient de nous dire notre hôte, quelque chose peut-être de plus extraordinaire même.

— Et que vous expliquez par le côté matériel ? demanda l'abbé Moulle.

— Naturellement.

— Et ce fait qui vous a été raconté par le docteur anglais, vous pouvez nous le raconter, à nous ?

— Sans doute.

— Ah ! racontez, docteur, racontez.

— Le faut-il ?

— Mais, sans doute ! s'écria tout le monde.

— Soit. Le docteur qui accompagnait

Walter-Scott en France, se nommait le docteur Sympson : c'était un des hommes les plus distingués de la Faculté d'Edimbourg, et lié, par conséquent, avec les personnes les plus considérables de la ville.

Au nombre de ces personnes, était un juge au tribunal criminel dont il ne m'a pas dit le nom. — Le nom était le seul secret qu'il trouvât convenable de garder dans toute cette affaire.

Ce juge, auquel il il donnait des soins habituels comme docteur, sans aucune cause apparente de dérangement dans la santé, dépérissait à vue d'œil : une sombre mélancolie s'était emparée de lui. Sa famille avait, en différentes occasions, interrogé le docteur, et le docteur, de son côté, avait interrogé son ami sans tirer autre chose de lui que des réponses vagues qui n'avaient fait qu'irriter son inquiétude en lui prouvant qu'un secret existait, mais que, ce secret, le malade ne voulait pas le dire.

Enfin, un jour le docteur Sympson insista tellement pour que son ami lui avouât qu'il était malade, que celui-ci lui prenant les mains avec un sourire triste :

— Eh bien! oui, lui dit-il, je suis malade, et ma maladie, cher docteur, est d'autant plus incurable, qu'elle est tout entière dans mon imagination.

— Comment ! dans votre imagination ?

— Oui, je deviens fou.

— Vous devenez fou ! Et en quoi ? je vous le demande. Vous avez le regard lucide, la voix calme, — il lui prit la main — le pouls excellent.

— Et voilà justement ce qui fait la gravité de mon état, cher docteur, c'est que je le vois et que je le juge.

— Mais enfin en quoi consiste votre folie ?

— Fermez la porte, qu'on ne nous dérange pas, docteur, et je vais vous la dire.

Le docteur ferma la porte et revint s'asseoir près de son ami.

— Vous rappelez-vous, lui dit le juge, le dernier procès criminel dans lequel j'ai été appelé à prononcer un jugement?

— Oui, sur un bandit écossais qui a été par vous condamné à être pendu, et qui l'a été.

— Justement. Eh bien! au moment où je prononçais l'arrêt, une flamme jaillit de ses yeux, et il me montra le poing en

me menaçant. Je n'y fis point attention...
De pareilles menaces sont fréquentes chez les condamnés. Mais, le lendemain de l'exécution, le bourreau se présenta chez moi, me demandant humblement pardon de sa visite; mais me déclarant qu'il avait cru devoir m'avertir d'une chose : le bandit était mort en prononçant une espèce de conjuration contre moi, et en disant que, le lendemain à six heures, heure à laquelle il avait été exécuté, j'aurais de ses nouvelles.

Je crus à quelque surprise de ses compagnons, à quelque vengeance à main armée, et, lorsque vinrent six heures, je m'enfermai dans mon cabinet, avec une paire de pistolets sur mon bureau.

Six heures sonnèrent à la pendule de ma cheminée. J'avais été préoccupé toute la journée de cette révélation de l'exécuteur. Mais le dernier coup de marteau vibra sur le bronze, sans que j'entendisse rien autre chose qu'un certain ronronnement dont j'ignorais la cause. Je me retournai, et j'aperçus un gros chat noir et couleur de feu. Comment était-il entré? c'était impossible à dire; mes portes et mes fenêtres étaient closes. Il fallait qu'il eût été enfermé dans la chambre pendant la journée.

Je n'avais pas goûté; je sonnai, mon domestique vint, mais il ne put entrer, puisque je m'étais enfermé en dedans; j'allai à la porte et je l'ouvris. Alors je lui parlai du chat noir et couleur de feu; mais nous le cherchâmes inutilement, il avait disparu.

Je ne m'en préoccupai point davantage; la soirée se passa, la nuit vint, puis le jour, puis la journée s'écoula, puis six heures sonnèrent. Au même instant j'entendis le même bruit derrière moi, et je vis le même chat.

Cette fois, il sauta sur mes genoux.

Je n'ai aucune antipathie pour les chats, et cependant cette familiarité me causa une impression désagréable. Je le chassai de dessus mes genoux. Mais à peine fut-il à terre, qu'il sauta de nouveau sur moi. Je le repoussai, mais aussi inutilement que la première fois. Alors, je me levai, je me promenai par la chambre, le chat me suivit pas à pas ; impatienté de cette insistance, je sonnai comme la veille, mon domestique entra. Mais le chat s'enfuit sous le lit, où nous le cherchâmes inutilement ; une fois sous le lit, il avait disparu.

Je sortis pendant la soirée. Je visitai

deux ou trois amis, puis je revins à la maison, où je rentrai, grâce à un passe-partout.

Comme je n'avais point de lumière, je montai doucement l'escalier de peur de me heurter à quelque chose. En arrivant à la dernière marche, j'entendis mon domestique qui causait avec la femme de chambre de ma femme.

Mon nom prononcé fit que je prêtai attention à ce qu'il disait, et alors je l'entendis raconter toute l'aventure de la veille et du jour; seulement il ajoutait : il faut que Monsieur devienne fou, il n'y avait pas plus de chat noir et couleur de feu dans la chambre qu'il n'y en avait dans ma main.

Ces quelques mots m'effrayèrent : ou la vision était réelle, ou elle était fausse : si la vision était réelle, j'étais sous le poids d'un fait surnaturel; si la vision était fausse, si je croyais voir une chose qui n'existait pas, comme l'avait dit mon domestique, je devenais fou.

Vous devinez, mon cher ami, avec quelle impatience, mêlée de crainte, j'attendis six heures; le lendemain, sous un prétexte de rangement, je retins mon domestique près de moi; six heures sonnèrent tandis qu'il était là; au dernier coup du timbre j'entendis le même bruit et je revis mon chat.

Il était assis à côté de moi.

Je demeurai un instant sans rien dire, espérant que mon domestique apercevrait l'animal et m'en parlerait le premier, mais il allait et venait dans ma chambre sans paraître rien voir.

Je saisis un moment où dans la ligne qu'il devait parcourir pour accomplir l'ordre que j'allais lui donner, il lui fallait passer presque sur le chat.

— Mettez ma sonnette sur ma table, John, lui dis-je.

Il était à la tête de mon lit, la sonnette était sur la cheminée; pour aller de la tête de mon lit à la cheminée, il lui fallait nécessairement marcher sur l'animal.

Il se mit en mouvement; mais au moment où son pied allait se poser sur lui, le chat sauta sur mes genoux.

John ne le vit pas ou du moins ne parut pas le voir.

J'avoue qu'une sueur froide passa sur mon front et que ces mots :

— Il faut que Monsieur devienne fou, se représentèrent d'une façon terrible à ma pensée.

— John, lui dis-je, ne voyez-vous rien sur mes genoux?

John me regarda. Puis, comme un homme qui prend une résolution :

— Si, Monsieur, dit-il, je vois un chat.

— Je respirai.

Je pris le chat et lui dis :

— En ce cas, John, portez-le dehors, je vous prie.

Ses mains vinrent au-devant des miennes; je lui posai l'animal sur les bras, puis sur un signe de moi, il sortit.

J'étais un peu rassuré ; pendant dix minutes, je regardai autour de moi avec un reste d'anxiété ; mais n'ayant aperçu aucun être vivant appartenant à une espèce animale quelconque, je résolus de voir ce que John avait fait du chat.

Je sortis donc de ma chambre dans l'intention de le lui demander, lorsqu'en mettant le pied sur le seuil de la porte du salon, j'entendis un grand éclat de rire qui venait du cabinet de toilette de ma femme. Je m'approchai doucement sur la pointe du pied, et j'entendis la voix de John.

— Ma chère amie, disait-il à la femme

de chambre, — Monsieur ne devient pas fou. — Non, — il l'est. — Sa folie, tu sais, c'est de voir un chat noir et couleur de feu. — Ce soir, il m'a demandé si je ne voyais pas ce chat sur ses genoux.

— Et qu'as-tu répondu ? demanda la femme de chambre.

— Pardieu ! j'ai répondu que je le voyais, dit John. Pauvre cher homme, je n'ai pas voulu le contrarier ; alors devine ce qu'il a fait.

— Comment veux-tu que je devine ?

— Eh bien ! il a pris le prétendu chat sur ses genoux, il me l'a posé sur les bras, et il m'a dit : — Emporte ! — Emporte ! — J'ai bravement emporté le chat, — et il a été satisfait.

— Mais si tu as emporté le chat, — le chat existait donc.

— Et non, le chat n'existait que dans son imagination. Mais à quoi cela lui aurait-il servi, quand je lui aurais dit la vérité ? — à me faire mettre à la porte ; — ma foi non, je suis bien ici et j'y reste. — Il me donne vingt-cinq livres par an, — pour voir un chat. Je le vois. — Qu'il m'en donne trente et j'en verrai deux.

Je n'eus pas le courage d'en entendre

davantage. Je poussai un soupir, et je rentrai dans ma chambre.

Ma chambre était vide...

Le lendemain, à six heures, comme d'habitude, mon compagnon se retrouva près de moi, et ne disparut que le lendemain au jour.

Que vous dirai-je ? mon ami, continua le malade, pendant un mois la même apparition se renouvela chaque soir, et je commençais à m'habituer à sa présence, quand, le trentième jour après l'exécution, six heures sonnèrent sans que le chat parût.

Je crus en être débarrassé, je ne dormis pas de joie : toute la matinée du lendemain, je poussai pour ainsi dire le temps devant moi j'avais hâte d'arriver à l'heure fatale. De cinq heures à six heures, mes yeux ne quittèrent pas ma pendule. Je suivais la marche de l'aiguille avançant de minute en minute. Enfin, elle atteignit — le chiffre XII — le frémissement de l'horloge se fit entendre, — puis le marteau frappa le premier coup, le deuxième, le troisième, le quatrième, le cinquième, le sixième enfin !...

Au sixième coup, ma porte s'ouvrit, dit le malheureux juge, et je vis entrer une espèce d'huissier de la chambre, costumé comme s'il eût été au service du lord-lieutenant d'Ecosse.

Ma première idée fut que le lord-lieutenant m'envoyait quelque message, et j'étendis la main vers mon inconnu. Mais il ne parut avoir fait aucune attention à mon geste, il vint se placer derrière mon fauteuil.

Je n'avais pas besoin de me retourner pour le voir ; j'étais en face d'une glace, et, dans cette glace, je le voyais.

Je me levai et je marchai, il me suivit à quelques pas.

Je revins à ma table et je sonnai.

Mon domestique parut, mais il ne vit pas plus l'huissier qu'il n'avait vu le chat.

Je le renvoyai et je restai avec cet étrange personnage que j'eus le temps d'examiner tout à mon aise.

Il portait l'habit de cour, les cheveux en bourse, l'épée au côté, une veste brodée au tambour et son chapeau sous le bras.

A dix heures, je me couchai; alors, comme pour passer de son côté la nuit le plus commodément possible, il s'assit dans un fauteuil en face de mon lit.

Je tournai la tête du côté de la muraille ; mais comme il me fut impossible de m'endormir, deux ou trois fois je me retournai, et deux ou trois fois, à la lumière de ma veilleuse, je le vis dans le même fauteuil.

Lui non plus ne dormait pas.

Enfin, je vis les premiers rayons du jour se glisser dans ma chambre à travers les interstices des jalousies, je me retournai une dernière fois vers mon homme : il avait disparu, le fauteuil était vide.

Jusqu'au soir, je fus débarrassé de ma vision.

Le soir, il y avait réception chez le grand commissaire de l'église; sous prétexte de préparer mon costume de cérémonie, j'appelai mon domestique à six heures moins cinq minutes, lui ordonnant de pousser les verroux de la porte.

Il obéit.

Au dernier coup de six heures, je fixai les yeux sur la porte : la porte s'ouvrit et mon huissier entra.

J'allai immédiatement à la porte; la porte était refermée; les verroux semblaient n'être point sortis de leur gâche; je me retourne, l'huissier était derrière mon fauteuil, et John allait et venait par la chambre sans paraître le moins du monde préoccupé de lui.

Il était évident qu'il ne voyait pas plus l'homme qu'il n'avait vu l'animal.

Je m'habillai.

Alors il se passa une chose singulière: plein d'attention pour moi, mon nouveau commensal aidait John dans tout ce qu'il faisait, sans que John s'aperçût qu'il fût aidé. Ainsi John tenait mon habit par le collet, le fantôme le soutenait par les pans ; ainsi John me présentait ma culotte par la ceinture, le fantôme la tenait par les jambes.

Je n'avais jamais eu de domestique plus officieux.

L'heure de ma sortie arriva.

Alors, au lieu de me suivre, l'huissier me précéda, se glissa par la porte de ma chambre, descendit l'escalier, se tint le chapeau sous le bras derrière John, qui ouvrait la portière de la voiture, et quand John l'eut fermée et eut pris sa place sur la tablette de derrière, il monta sur le siége du cocher, qui se rangea à droite pour lui faire place.

A la porte du grand commissaire de l'église, la voiture s'arrêta; John ouvrit la portière; mais le fantôme était déjà à son poste derrière lui. A peine avais-je mis pied à terre que le fantôme s'élança devant moi, passant à travers les domestiques qui encombraient la porte d'entrée, et regardant si je le suivais.

Alors l'envie me prit de faire sur le cocher lui-même l'essai que j'avais fait sur John.

— Patrick, lui demandai-je, quel était

donc l'homme qui était près de vous?

— Quel homme, Votre Honneur? demanda le cocher.

— L'homme qui était sur votre siége.

Patrick roula de gros yeux étonnés en regardant autour de lui.

— C'est bien, lui dis-je, je me trompais.

Et j'entrai à mon tour.

L'huissier s'était arrêté sur l'escalier, et m'attendait. Dès qu'il me vit reprendre mon chemin, il reprit le sien. entra devant moi comme pour m'annoncer dans la salle de réception; puis, moi entré, il alla reprendre, dans l'antichambre, la place qui lui convenait.

Comme à John et comme à Patrick, le fantôme avait été invisible à tout le monde.

C'est alors que ma crainte se changea en terreur, et que je compris que véritablement je devenais fou.

Ce fut à partir de ce soir-là que l'on s'aperçut du changement qui se faisait en moi. — Chacun me demanda quelle préoccupation me tenait, — vous comme les autres.

Je retrouvai mon fantôme dans l'antichambre. — Comme à mon arrivée, il courut devant moi à mon départ, remonta sur le siége, rentra avec moi à la maison, derrière moi, dans ma chambre, et s'assit dans le fauteuil où il s'était assis la veille.

Alors, je voulus m'assurer s'il y avait quelque chose de réel et surtout de palpable dans cette apparition. Je fis un violent effort sur moi-même, et j'allai à reculons m'asseoir dans le fauteuil.

Je ne sentis rien, mais dans la glace je le vis debout derrière moi.

Comme la veille, je me couchai, mais à une heure du matin seulement. Aussitôt que je fus dans mon lit, je le vis dans mon fauteuil.

Le lendemain au jour il disparut.

La vision dura un mois.

Au bout d'un mois, elle manqua à ses habitudes et faillit un jour.

Cette fois, je ne crus plus comme la première à une disparition totale, mais à quelque modification terrible, et, au lieu de jouir de mon isolement, j'attendis le lendemain avec effroi.

Le lendemain, au dernier coup de six heures, j'entendis un léger frôlement dans les rideaux de mon lit, et au point d'intersection qu'ils formaient dans la ruelle contre la muraille, j'aperçus un squelette.

Cette fois, mon ami, vous comprenez, c'était, si je puis m'exprimer ainsi, l'image vivante de la mort.

Le squelette était là, immobile, me regardant avec ses yeux vides.

Je me levai, je fis plusieurs tours dans

ma chambre; la tête me suivait dans toutes mes évolutions. Les yeux ne m'abandonnèrent pas un instant, le corps demeurait immobile.

Cette nuit, je n'eus point le courage de me coucher. Je dormis, ou plutôt je restai les yeux fermés dans le fauteuil où se tenait d'habitude le fantôme, dont j'étais arrivé à regretter la présence.

Au jour, le squelette disparut.

J'ordonnai à John de changer mon lit de place et de croiser les rideaux.

Au dernier coup de six heures, j'entendis le même frôlement, je vis les rideaux s'agiter, puis j'aperçus les extrémités de deux mains osseuses qui écartaient les rideaux de mon lit, et, les rideaux écartés, le squelette prit dans l'ouverture la place qu'il avait occupée la veille.

Cette fois j'eus le courage de me coucher.

La tête qui, comme la veille, m'avait suivi dans tous mes mouvements, s'inclina alors vers moi.

Les yeux qui, comme la veille, ne m'avaient pas un instant perdu de vue, se fixèrent alors sur moi.

Vous comprenez la nuit que je passai ! Eh bien ! mon cher docteur, voici vingt nuits pareilles que je passe. Maintenant vous savez ce que j'ai, entreprendrez-vous encore de me guérir ?

— J'essaierai du moins, répondit le docteur.

— Comment cela ? voyons.

— Je suis convaincu que le fantôme que vous voyez n'existe que dans votre imagination.

— Que m'importe qu'il existe ou n'existe pas, si je le vois ?

— Vous voulez que j'essaie de le voir, moi?

— Je ne demande pas mieux.

— Quand cela ?

— Le plus tôt possible. Demain.

— Soit, demain... jusque-là, bon courage!

Le malade sourit tristement.

Le lendemain, à sept heures du matin, le docteur entra dans la chambre de son ami.

— Eh bien ! lui demanda-t-il, le squelette ?

— Il vient de disparaître, répondit celui-ci d'une voix faible.

— Eh bien ! nous allons nous arranger de manière à ce qu'il ne revienne pas ce soir.

— Faites.

— D'abord, vous dites qu'il entre au dernier tintement de six heures ?

— Sans faute.

— Commençons par arrêter la pendule, et il fixa le balancier.

— Que voulez-vous faire ?

— Je veux vous ôter la faculté de mesurer le temps.

— Bien.

— Maintenant, nous allons maintenir les persiennes fermées, croiser les rideaux des fenêtres.

— Pourquoi cela ?

— Toujours dans le même but, afin que vous ne puissiez vous rendre aucun compte de la marche de la journée.

— Faites.

— Les persiennes fussent assurées ; les rideaux tirés, on alluma des bougies.

— Tenez un déjeûner et un dîner prêts, John, dit le docteur, nous ne voulons pas être servis à heures fixées, mais seulement quand j'appellerai.

— Vous entendez, John ? dit le malade.

— Oui, Monsieur.

— Puis, donnez-nous des cartes, des dés, des dominos, et laissez-nous.

Les objets demandés furent apportés par John qui se retira.

Le docteur commença de distraire le malade de son mieux, tantôt causant, tantôt jouant avec lui ; puis, lorsqu'il eut faim, il sonna.

John, qui savait dans quel but on avait sonné, apporta le déjeûner.

Après le déjeûner, la partie commença, et fut interrompue par un nouveau coup de sonnette du docteur.

John apporta le dîner.

On mangea, on but, on prit le café, et l'on se remit à jouer. La journée paraît longue ainsi passée en tête à tête. Le docteur crut avoir mesuré le temps dans son esprit, et que l'heure fatale devait être passée.

— Eh bien! dit-il, en se levant, victoire!

— Comment victoire? demanda le malade.

— Sans doute ; il doit être au moins huit ou neuf heures ; et le squelette n'est pas venu.

— Regardez à votre montre, docteur, puisque c'est la seule qui aille dans la maison, et, si l'heure est passée, ma foi, comme vous, je crierai victoire.

Le docteur regarda sa montre, mais ne dit rien.

— Vous vous étiez trompé, n'est-ce pas, docteur? dit le malade; il est six heures juste.

— Oui, eh bien ?

— Eh bien ! voilà le squelette qui entre.

Et le malade se rejeta en arrière avec un profond soupir.

Le docteur regarda de tous côtés.

— Où le voyez-vous donc? demanda-t-il.

— A sa place habituelle, dans la ruelle de mon lit, entre les rideaux.

Le docteur se leva, tira le lit, passa dans la ruelle et alla prendre entre les rideaux la place que le squelette était censé occuper.

— Et maintenant, dit-il, le voyez-vous toujours?

— Je ne vois plus le bas de son corps, attendu que le vôtre à vous me le cache, mais je vois son crâne.

— Où cela?

— Au-dessus de votre épaule droite.

C'est comme si vous aviez deux têtes, l'une vivante, l'autre morte.

Le docteur, tout incrédule qu'il était, frissonna malgré lui.

Il se retourna, mais il ne vit rien.

— Mon ami, dit-il tristement en revenant au malade, si vous avez quelques dispositions testamentaires à faire, faites-les.

Et il sortit.

Neuf jours après, John, en entrant dans la chambre de son maître, le trouva mort dans son lit.

318 LES MILLE ET UN FANTÔMES.

Il y avait trois mois, jour pour jour, que le bandit avait été exécuté.

FIN DU PREMIER VOLUME.

TABLE.

A M. ***.	1
CHAP. I. La rue de Diane à Fontenay-aux-Roses.	17
II. L'impasse des Sergents.	45
III. Le procès-verbal.	75
IV. La maison de Scarron	107
V. Le soufflet de Charlotte-Corday.	137
VI. Solange.	185
VII. Albert.	235
VIII. Le Chat, l'Huissier et le Squelette.	269

Sceaux. — Imprimerie de E. Dépée.

En vente :

LE MARI CONFIDENT,
Par Mme SOPHIE GAY.
2 volumes in-8.
Cet Ouvrage n'a pas paru dans les Journaux.

LES AMOURS D'UN FOU,
Par XAVIER DE MONTÉPIN.
4 volumes in-8.

LORD ALGERNON,
Par le Marquis DE FOUDRAS.
4 volumes in-8.

PIVOINE,
Par XAVIER DE MONTÉPIN.
2 volumes in-8.

UN AMI DIABOLIQUE,
Par A. DE GONDRECOURT.
3 volumes in-8.

LES VIVEURS D'AUTREFOIS,
Par le Marquis de FOUDRAS et X. de MONTÉPIN.
4 volumes in-8.

LE DOCTEUR SERVANS,
Par ALEXANDRE DUMAS Fils.
2 volumes in-8.

LE ROMAN D'UNE FEMME,
Par le Même. — 4 volumes in-8.

Les Chevaliers du Lansquenet,
Par le Marquis de FOUDRAS et X. de MONTÉPIN.
10 volumes in-8.

LES GENTILSHOMMES CHASSEURS,
Par le Marquis DE FOUDRAS.
2 volumes in-8.

LES SEPT PÉCHÉS CAPITAUX,
LA LUXURE et LA PARESSE,
Par EUGÈNE SUE.
4 volumes in-8.

Impr. de E. Dépée, à Sceaux (Seine).

www.ingramcontent.com/pod-product-compliance
Lightning Source LLC
Chambersburg PA
CBHW060511170426
43199CB00011B/1413